国家社科基金重大项目“雄安新区创新生态系统构建机制与路径研究”（编号：18ZDA044）



RESEARCH ON THE KNOWLEDGE ENERGY FLOW MECHANISM OF INDUSTRIAL INNOVATION ECOSYSTEM

# 产业创新生态系统中的知识能量流动机理研究

## 以京津冀高技术产业为例

Taking Beijing-Tianjin-Hebei High Technology Industry As an Example

李佳钰　张　贵◎著

经济管理出版社
ECONOMY & MANAGEMENT PUBLISHING HOUSE

**图书在版编目（CIP）数据**

产业创新生态系统中的知识能量流动机理研究/李佳钰，张贵著．—北京：经济管理出版社，2020.9

ISBN 978-7-5096-7431-4

Ⅰ.①产…　Ⅱ.①李…②张…　Ⅲ.①产业经济—知识管理—中国　Ⅳ.①F062.9

中国版本图书馆CIP数据核字(2020)第158467号

组稿编辑：申桂萍
责任编辑：李红贤
责任印制：黄章平
责任校对：熊兰华

出版发行：经济管理出版社
（北京市海淀区北蜂窝8号中雅大厦A座11层　100038）
网　址：www.E-mp.com.cn
电　话：（010）51915602
印　刷：北京晨旭印刷厂
经　销：新华书店
开　本：720mm×1000mm/16
印　张：12
字　数：183千字
版　次：2020年11月第1版　2020年11月第1次印刷
书　号：ISBN 978-7-5096-7431-4
定　价：58.00元


联系地址：北京阜外月坛北小街2号
电话：（010）68022974　邮编：100836

# 前　言

在知识经济发展的背景下，生态系统视角成为创新理论研究范式的新方向。本书在生态学、知识管理和创新管理等理论的基础上，运用多学科综合分析法，主要探讨了以下几个方面的内容：

构建了产业创新生态系统中的知识能量模型。在相关概念界定与文献综述的基础上，对知识能量进行生态学解构，并从知识能量累积、知识能量惯例和知识能量提升三个方面建立研究模型：产业创新主体共同捕获产业创新生态系统外部知识扩散的过程构成了知识能量累积系统；产业创新生态系统中的产业创新主体间价值学习与价值反哺的过程构成了知识能量惯例系统；产业创新生态系统催化产业创新主体价值涌现的过程构成了知识能量提升系统。

对知识能量流动进行系统动力学建模与仿真。在知识能量模型的基础上，从“知识势能”“知识动能”和“知识内能”三个维度对知识能量流动进行系统动力学建模，研究了不同情境下知识能量流动的特征与规律。研究结果表明，技术替代是知识能量流动的必要条件，知识能量流动的流量和流向是由知识能量结构，以及产业创新生态系统克服新知识催化的挑战与扩展旧知识涌现的机会共同决定的，两种力量的平衡构成了创新生态系统的稳健共存、弹性错觉和创造性破坏三种流动情境。

对产业创新生态系统的价值累积过程进行分析。抽取“知识势能”维度，解释产业创新过程中“同质知识累积”和“异质知识差异”影响价值累积的过程机理。研究结果表明，捕获同质知识和异质知识对产业创新生态系统的价值累积均具有促进作用，但产业创新生态系统外部的知识扩散对产业创新主体的同质知识累积度和异质知识差异度的影响却是截然相反的。数理模型和实证分析的结果表明，产业创新生态系统的同质知识累积度和异质知识差异度存在一个最优的比例，高于这个比例或低于这个比例都不利于产业创新生态系统的知识创新和可持续发展，因此系统外部知识扩散与产业创新生态系统的价值累积存在倒“U”形关系。

对产业创新生态系统中的价值流动过程进行分析。抽取“知识动能”维度，解释产业创新过程中“被动组织惯例”和“主动知识忘却”影响价值惯例的过程机理，并进一步验证了“知识势能”与“知识动能”间的转化形成价值流动的作用关系。研究结果表明，产业创新主体间的价值流动在产业创新生态系统中是以知识势能与知识动能间的价值交互方式进行的，其动力因素由产业创新主体的相互间广义作用力决定，这种广义作用力可以采取引力场的作用形式化，而产业创新主体间的价值流动由对应产业创新主体的知识能量结构决定。产业创新主体间的价值流动对价值流出方具有外部性，价值流动会影响产业创新生态系统的整体有序性，从而影响产业创新主体的知识能量结构。

对产业创新生态系统的价值提升过程进行分析。抽取“知识内能”维度，解释产业创新过程中“内化知识创新”和“外化知识老化”影响价值提升的过程机理，并进一步验证了价值流动的“量变”对价值提升“质变”的作用关系。研究结果表明，知识时效性引致的知识内能变化是影响价值提升的重要因素，内化知识创新是正向影响知识能量流动和价值提升的中介变量，外化知识老化是负向影响知识能量流动和价值提升的中介变量，合理的价值流动需要从时效性的角度对两者进行平衡，从而驱动产业创新生态系统的价值提升。产业创新主体间的价值流动与价值提升呈倒“U”形昂萨格倒易关系，产业创新生态系统的价值提升是在知识创造价值的过程中产生流动的结果，类似于不可逆热力学理论昂萨格倒易关系，是微观层面的价值创造在宏观产业创新生态系统层面上的反映。

以京津冀高技术产业为例，基于京津冀地区各城市高技术产业的相关数据，对产业创新生态系统竞争力、知识能量累积、知识能量惯例和知识能量提升进行测算，旨在揭示高技术产业发展的差距与成因，并进一步验证产业创新生态系统中的知识能量流动机理。研究表明：京津冀高技术产业发展存在“断崖式”差距，归因于发展层次落差、产业结构型错位、地方保护严密和市场缺乏活力。

以催生新业态、创造新模式和挖掘新引擎为路径，提出培育京津冀高技术产业创新生态系统协同发展的对策建议。

综上所述，本书的主要创新之处包括：以生态能量学为切入点，重构了“知识能量”的理论研究框架；以凝练知识管理理论在产业创新生态系统中的应用为目标，提出了“知识能量”的三维研究视角；以探寻产业创新生态系统中“价值累积→价值流动→价值提升”的动力转换与范式选择路径为主线，揭示了产业创新的内在逻辑。

本书从产业层面出发，认为一个有效的创新生态系统是能够不断进行知识能量流动的系统，是知识能量在不同情境下知识能量累积、知识能量惯例和知识能量提升的表征。本书从“知识势能”“知识动能”和“知识内能”三个维度进行研究，建立了更加系统化的研究框架，以此来弥补创新生态系统研究“宏观”多于“微观”、“整体”多于“还原”的短板。但是，无论是理论建模还是实证检验，本书难免存在不足之处，恳请读者批评指正。

# 目　　录


第一章　绪论………………………………………………………… 1

第一节　研究背景………………………………………………… 1

第二节　研究目的与研究意义…………………………………… 3

第三节　主要内容与创新点……………………………………… 6

第四节　研究方法与技术路线…………………………………… 9

第二章　相关概念界定与文献综述 ……………………………… 12

第一节　产业创新生态系统 …………………………………… 12

第二节　价值创造 ……………………………………………… 23

第三节　知识能量 ……………………………………………… 31

本章小结 ………………………………………………………… 40

第三章　产业创新生态系统中的知识能量模型构建 …………… 42

第一节　知识能量的理论模型 ………………………………… 42

第二节　知识能量的三维研究模型 …………………………… 47

本章小结 ………………………………………………………… 61

第四章 基于系统动力学的知识能量流动机理分析 …… 63

第一节 知识能量流动的特征与机理 …… 63
第二节 知识能量流动的系统动力学模型 …… 65
第三节 模型检验与灵敏度分析 …… 73
本章小结 …… 83

第五章 知识势能的模型构建与价值累积的机理分析 …… 84

第一节 知识势能的研究框架与模型构建 …… 84
第二节 知识势能影响产业创新价值累积的实证分析 …… 92
第三节 基于苹果公司案例的证据判断 …… 99
本章小结 …… 102

第六章 知识动能的模型构建与价值流动的机理分析 …… 104

第一节 知识动能的研究框架与模型构建 …… 104
第二节 知识动能影响产业创新价值流动的实证分析 …… 112
第三节 基于 IBM 公司案例的证据判断 …… 115
本章小结 …… 120

第七章 知识内能的模型构建与价值提升的机理分析 …… 121

第一节 知识内能的研究框架与模型分析 …… 121
第二节 知识内能影响产业创新价值提升的实证分析 …… 128
第三节 基于中国四代电力机车的证据判断 …… 133
本章小结 …… 138

第八章 京津冀高技术产业创新生态系统中的知识能量流动比较分析 …… 139

第一节 京津冀高技术产业创新生态系统的发展现状分析 …… 139

第二节 京津冀高技术产业创新生态系统中的知识能量流动分析…… 144
第三节 京津冀高技术产业发展的对策建议………………………… 149
本章小结………………………………………………………………… 152

**第九章 结论与展望**……………………………………………… 153

第一节 研究结论……………………………………………………… 153
第二节 管理意义……………………………………………………… 156
第三节 研究展望……………………………………………………… 158

**参考文献**……………………………………………………………… 159

**后 记**………………………………………………………………… 177

# 第一章

# 绪　论

## 第一节　研究背景

世界经济进入深度调整期，产业发展站到新的历史起点上，集中体现为由关注产业结构和资源配置的“产业系统”，转向关注价值创造和价值交互的“产业创新生态系统”。而随着大数据技术的兴起，大规模获取知识成为可能，“产业创新生态”系统正是一种大规模的知识网络，这种规模上的量变带来了价值链的破坏性和变革性质变，① 面临着一系列深层次的问题：

一是大数据技术红利的消耗殆尽，深度学习模型效果的天花板日益迫近，“创新驱动”正在寻求新的突破。G20 大阪峰会围绕数字化对经济和社会各方面的改变指出：“如何有效利用知识正日益成为推动经济增长和增加社会福祉的重要动力。”这不仅反映出以创新生态系统为载体的知识创造价值研究正在逐渐取代研究知识本身，而且表明了价值创造和价值交互已经成为优化创新生

① Chae B K. A General Framework for Studying the Evolution of the Digital Innovation Ecosystem: The Case of Big Data [J]. International Journal of Information Management, 2019 (45): 83－94.

态系统网络结构的全新模式。①

二是"知识创造价值"的声势渐长，组织间和组织内正在寻求以良好的知识共享活动为基础的知识管理实践。近年来，学术界和实践者对"知识经济"的特征已有了普遍认知，"知识管理"作为新兴学科驱动了创新研究的进一步发展，并获得了广泛关注，"知识"成为"创新驱动"的核心动力，知识管理战略也成为产业创新发展的重要突破方向②③，以"知识管理"的观点设计产业组织发展的哲学、运行体系和管理模式等尤为关键。

三是新型创新模式的出现推动市场竞争由"单个企业竞争"演变成为"产业链竞争"，进而升级为各个企业赖以生存的"创新生态系统"之争。用生态学理念审视产业创新，把"创新生态系统"引入产业创新进程的"中心环节"，促进价值创造向价值交互转换，对于提高产业创新能力、调整产业经济结构、转变产业增长方式、提升产业竞争力，有着重要的紧迫性、必要性和可行性。

可以看出，"产业创新""知识管理"和"创新生态系统"具有一定的深层次内生互动关系，表现出一系列学科融合的新趋势与经济发展的新特征：

一是产业发展的可预测性和稳定性逐渐降低，倒逼企业获取组织外部知识，知识创造型企业的"创造性累积"日趋频繁。从外部获取并积累的知识在组织内部得以广泛的共享，这一积累过程为从事开发新技术和产品的创新主体所广泛利用。当前，开放创新模式正在逐步取代传统的孤岛创新模式，创新组织越来越多地通过建立外部伙伴关系来获取知识，重视考察创新组织的"价值累积"，能够从"Where"的层面回答产业创新从何处积累价值存量。

二是知识经济发生深刻变革，传统的企业管理模式正在走向衰落，知识创

① Adner R. Ecosystem as Structure [J]. Journal of Management, 2017, 43 (1): 39-58.

② Nunn R. The Innovation Ecosystem and Knowledge Management: A Practitioner's Viewpoint [J]. Business Information Review, 2019, 36 (2): 70-74.

③ Pucci T, Runfola A, Guercini S, et al. The Tole of Actors in Interactions Between "Innovation Ecosystems": Drivers and Implications [J]. IMP Journal, 2018, 12 (2): 333-345.

造型企业的“创造性惯例”初现端倪。① 以美国通用电力公司为代表的欧美标准化和程序化的管理体系强调了市场是决定胜负的“竞技场”，重视考察竞争市场的“相对价值”，能够从“What”的层面回答创新如何形成“惯例”。但对于知识经济中的产业发展而言，以本田公司为代表的日本个性化和差异化的管理体系强调了市场是发生协同作用的“共创场”，重视考察市场的“绝对价值”，能够从“How”的层面回答产业创新如何形成价值惯例。

三是日趋复杂的创新生态系统模式为产业组织提供了更多价值获取的机会，有效管理价值流动对于协同创新活动的产生至关重要。② 从外部获得知识和组织间的相互学习是组织创新最直接的经验，而日本企业更加重视非正式和非体系化的知识，专注于通过使用比喻、画图或体验的“内在化”方法来获得高度主观的“外在化”洞察力、直觉和预感，重视考察显性知识向隐性知识转换过程中的“创造性提升”，能够从“Why”的层面回答产业创新为何需要可持续，以及如何产生对更高层次知识的综合力管理。

## 第二节 研究目的与研究意义

### 一、研究目的

本书主要回答以下四方面的问题：①知识能量的内涵和表征是什么？知识能量流动的机理如何体现？②产业创新生态系统如何通过捕获系统外部知识来实现价值累积？同质知识和异质知识的作用有何不同？③产业创新生态系统如

① 野中郁次郎，胜见明．创新的本质：日本名企最新知识管理案例[M]．北京：知识产权出版社，2006.

② Olaisen J，Revang O. The Dynamics of Intellectual Property Rights for Trust，Knowledge Sharing and Innovation in Project Teams [J]. International Journal of Information Management，2018，37 (6)：583 – 289.

何通过组织惯例和忘却学习形成价值惯例？价值累积和价值惯例的交互作用如何产生价值流动？④产业创新生态系统中的价值流动如何催化实现价值提升？知识创新和知识老化如何影响产业的可持续创新？

基于以上问题导向，本书的研究目的主要包括以下四个方面：

第一，将“知识创造的价值”隐喻为“知识能量”，从价值累积、价值惯例和价值提升三个维度构建知识能量理论框架，对应设计“知识势能”“知识动能”和“知识内能”三个关键变量，通过系统建模与仿真分析产业创新生态系统中的价值流动机理。

第二，对应价值累积层面，将“知识势能”划分为“同质知识累积度”和“异质知识差异度”两个方面，在此基础上建立价值累积作用的研究框架，然后采用数学模型和实证分析，研究产业创新主体捕获产业创新生态系统外部扩散的知识对系统整体价值累积的“量”变影响。

第三，对应价值惯例层面，将“知识动能”划分为“被动组织惯例度”和“主动知识忘却度”两个方面，在此基础上建立价值累积和价值惯例间交互作用的研究框架，然后采用数学模型和实证分析，研究产业创新生态系统中价值流动的形成机理。

第四，对应价值提升层面，将“知识内能”划分为“内化知识创新度”和“外化知识老化度”两个方面，在此基础上建立价值流动影响价值提升的研究框架，然后采用数学模型和实证分析，研究产业创新生态系统内部价值流动对价值提升的“质”变影响。

## 二、研究意义

### 1. 理论意义

本书引入生态能量学理论，综合知识管理和产业组织领域的最新研究成果，在辨析和梳理产业创新生态系统和知识能量流动相关概念和文献的基础上，一方面将“知识创造的价值”隐喻为表征创新潜力的“知识能量”，通过生态学解构和空间解构建立知识能量的理论模型，这是生态能量学理论在产业创新研究中的应用突破；另一方面将知识能量分解为“知识势能”“知识动能”和“知识内能”三个维度，以“产业创新生态系统”为核心，以“知识势能”为价值累积导向，以“知识势能”和“知识动能”间的转化为价值流动导向，以“知识内能”为价值提升导向，研究产业创新生态系统中的知识能量流动机理，这是知识管理理论在产业创新生态系统研究中的应用突破。

（1）基于生态能量学理论探讨产业创新生态系统中的价值流动特征与规律，有助于从生态学的理论逻辑出发探索创新生态系统价值创造和价值交互研究的成熟构念，解释产业创新生态系统的运行和演化机理，同时寻找生态能量学理论指导下产业创新发展的内在逻辑。

（2）基于产业组织理论探讨产业创新战略的相互作用，有助于从竞争范式和局部均衡的理论逻辑出发解释产业创新的因素和行为，探究在复杂的合作愿景、利益和需求情境下，产业组织通过价值累积、价值惯例和价值提升模式进行创新的内在逻辑。

（3）基于知识管理理论探讨知识管理决策对产业创新战略的影响，将产业创新生态系统中的“价值流动”隐喻为“知识能量流动”，有助于从知识创造价值的理论逻辑出发解释产业创新的本质，揭示在知识管理理论指导下产业创新价值导向的内在逻辑。

2. 实践价值

本书在系统模拟与仿真的基础上，从价值累积、价值流动和价值提升三个层次进行实证检验，一方面给予产业创新生态系统中的知识能量流动明确的系统化和动态化范式，这是对以往的实证研究在方法上的补充；另一方面对产业创新生态系统中的价值流动机理进行量化，检验系统仿真经验解释的信度和效度，这是对经验数据建模在普适性方面的补充。

（1）通过将产业创新生态系统中的知识能量流动抽象为动力学系统，运用 Vensim 软件进行仿真模拟，有利于考察“知识势能”“知识动能”和“知识内能”间的整合、互动和演进过程，以及知识能量结构变化对知识能量流量和流向的影响。

（2）通过对京津地区的信息传输、互联网和软件服务产业进行问卷数据采集，运用 SPSS 软件进行统计分析，有利于考察变量间的因果关系、方向和作用强度，以及产业创新生态系统中知识能量流动的路径。

（3）通过将实践探索与理论研究进行统一，有利于探索知识创造价值的产业创新路径，提出知识经济发展新方式，为国家和区域的产业政策制定和实施提供理论依据及决策参考，从而提升产业创新能力，加快知识经济建设。

## 第三节　主要内容与创新点

### 一、主要内容

本书的主要内容为以下几点：

第一章介绍了本书的研究背景、研究目的与研究意义、研究内容、研究方法与技术路线、主要创新点。

第二章辨析了“产业创新生态系统”“价值创造”和“知识能量流动”的相关概念，并分别对其特征、模式和研究现状进行了文献综述，是第三章理论研究模型构建的基础。

第三章构建了知识能量的理论模型（生态学解构和空间解构）和三维研究模型（基于扩散与捕获的价值累积模型、基于学习与反哺的价值惯例模型、基于催化与涌现的价值提升模型），是第四章开展系统建模与仿真的基础。

第四章论述了“知识能量”的内涵和表征，分析了知识能量流动的情境和机理，采用系统动力学模型研究了不同情境下知识能量流动的特征与规律，建立了基于“知识势能”“知识动能”和“知识内能”的知识能量流动三维空间动力模型，为后续章节的展开奠定了基础。

第五章对应价值累积层面，将“知识势能”划分为“同质知识累积度”和“异质知识差异度”两个方面，在此基础上建立价值累积作用的研究框架，然后采用数学模型和实证分析，研究获取产业创新生态系统外部知识对产业组织价值累积的“量”变影响。

第六章对应价值惯例层面，将“知识动能”划分为“被动组织惯例度”和“主动知识忘却度”两个方面，在此基础上建立价值累积和价值惯例交互作用的研究框架，然后采用数学模型和实证分析，研究产业创新生态系统内部形成价值流动的机理。

第七章对应价值提升层面，将“知识内能”划分为“内化知识创新度”和“外化知识老化度”两个方面，在此基础上建立价值流动影响价值提升作用的研究框架，然后采用数学模型和实证分析，研究产业创新生态系统内部价值流动对价值提升的“质”变影响。

第八章以京津冀高技术产业为例，基于京津冀地区各城市高技术产业的相关数据，对产业创新生态系统竞争力、知识能量累积、知识能量惯例和知识能量提升进行测算，旨在揭示高技术产业发展的差距与成因，进一步验证产业创新生态系统中的知识能量流动机理，提出培育京津冀高技术产业创新生态系统协同发展的对策建议。

第九章总结了本论文的主要结论、管理意义和研究展望。

## 二、主要创新点

本书的创新点可以归纳为以下三个方面：

第一，以生态能量学为切入点，重构了“知识能量”的理论研究框架。不同于已有研究仅从物理学概念进行隐喻，本书提出的“知识能量”是建立在生态能量学的基础之上。一方面，生态能量学是研究生态系统中不同营养级之间能量转换的学科，生态系统中生命系统内部和环境系统在相互作用的过程中始终伴随着能量运动与转化，那么，验证创新生态系统是否也具有“能量流动”特征值得探究，这是以往研究在理论构建方面没有尝试过的；另一方面，对知识的生态能量学解构有助于挖掘产业创新生态系统中的价值层级转化体系，是对“知识能量”理论在创新生态系统视角下的进一步延伸，即将生态能量学中“从混沌到有序”的能量耗散特征，以及知识管理中“波动和创造性混沌”的知识创造螺旋特征进行逻辑拟合，重构了“知识能量”的理论研究框架。可以认为，将“知识创造的价值”隐喻为“知识能量”是逻辑自洽的，理论重构为众说纷纭的“知识能量”内涵提供了生态能量学解释。

第二，以凝练知识管理理论在产业创新生态系统中的应用为目标，提出了“知识能量”的三维研究视角。不同于已有研究仅从单一价值维度进行分析，本书将“知识能量”划分为“知识势能”“知识动能”和“知识内能”三个价值维度，分别赋予“知识势能”价值累积逻辑，赋予“知识动能”价值惯例逻辑，赋予“知识内能”价值提升逻辑。一方面，“势能”与“动能”间的转化规律为研究创新生态系统中的价值交互提供了理论基础，这是对以往研究在知识能量观方面的拓展；另一方面，管理者对于知识时效性的判断为研究创新生态系统中的价值提升提供了时变系统视角，这是对以往研究在知识时变性方面的深化。

第三，以探寻产业创新生态系统中“价值累积→价值流动→价值提升”的动力转换与范式选择路径为主线，揭示了产业创新的内在逻辑。已有关于产业创新生态系统中的价值创造和价值交互的研究自成体系，缺少动力转换与范式选择的内在逻辑关联，系统动力学视角下的理论指导和微观还原性视角下的实践研究也不够充分。基于此，本书在遵循“量变→质变”发展规律的基础上，一方面将产业创新生态系统的形成视为价值累积的过程，将产业创新生态系统的运行视为价值交互的过程，将产业创新生态系统的演化视为价值提升的过程，为开发和利用产业创新的潜力提供了价值轨迹；另一方面通过访谈和问卷调查的方法进行事实逻辑和行为逻辑的还原，量化了知识能量的度规结构与产业创新生态系统中“价值累积→价值流动→价值提升”的映射关系，并提供了相关案例的支撑依据。

## 第四节 研究方法与技术路线

### 一、研究方法

1. 跨学科综合分析法

从生态系统视角出发，梳理生态能量学、创新生态学、知识管理学和产业经济学等多学科的研究成果，深入了解产业创新生态系统与价值流动的研究和发展现状，并在前人的研究基础上进行概念界定与归纳总结。

2. 系统模拟与仿真法

从系统科学与管理科学视角出发，将产业创新生态系统视为价值反馈系统，运用系统动力学仿真方法，设定高阶次复杂时变系统参数，提供了研究知识能量流动机理的分析工具，以期实现定性与定量研究相结合、系统综合推理的研究目的。

3. 问卷分析与案例分析法

从客观事实出发，在京津冀地区通过访谈和问卷调查的形式进行样本数据收集，通过构建相应的计量分析模型，验证系统建模的可靠性与不同维度知识能量间的转化关系，并通过相关案例分析使研究结论更为科学严谨。

### 二、技术路线

在面临缺乏大量相关经验及理论借鉴的前提下，本书遵循“问题导向→引入理论→指导实践→发展新理论”的研究思路，技术路线如图 1 - 1 所示。

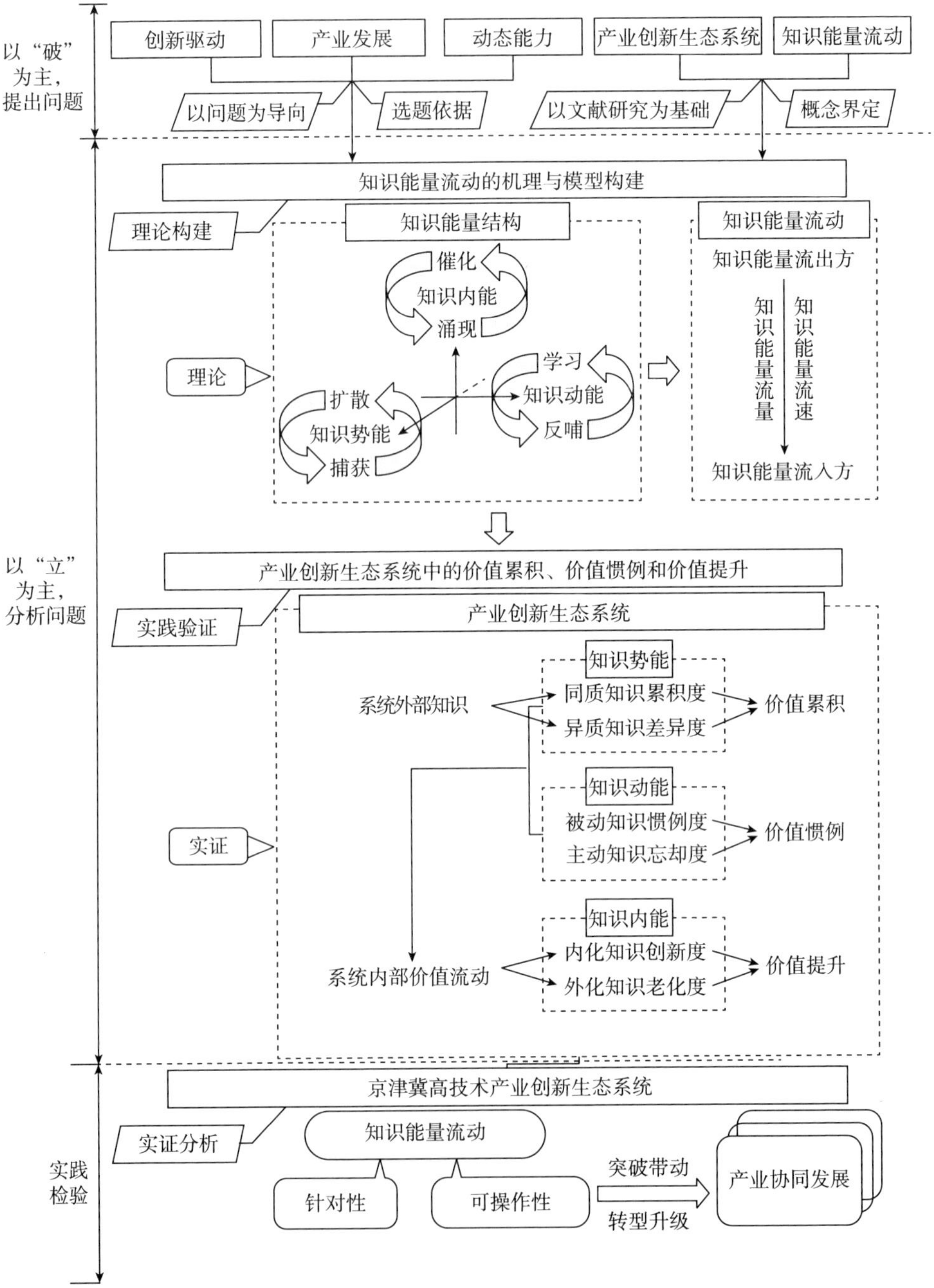
以“破”为主，提出问题
创新驱动
产业发展
动态能力
产业创新生态系统
知识能量流动
以问题为导向
选题依据
以文献研究为基础
概念界定
以“立”为主，分析问题
知识能量流动的机理与模型构建
理论构建
知识能量结构
催化
知识内能
涌现
学习
知识动能
反哺
扩散
知识势能
捕获
理论
知识能量流动
知识能量流出方
知识能量流量
知识能量流速
知识能量流入方
产业创新生态系统中的价值累积、价值惯例和价值提升
实践验证
产业创新生态系统
知识势能
系统外部知识
同质知识累积度
异质知识差异度
价值累积
知识动能
被动知识惯例度
主动知识忘却度
价值惯例
实证
知识内能
系统内部价值流动
内化知识创新度
外化知识老化度
价值提升
实践检验
京津冀高技术产业创新生态系统
实证分析
知识能量流动
针对性
可操作性
突破带动
转型升级
产业协同发展

图1-1 技术路线

在问题导向和文献研究“破”的基础上，本书以“立”为主，首先构建了基于扩散与捕获的“知识势能”模型、基于学习与反哺的“知识动能”模型和基于催化与涌现的“知识内能”模型，将“知识能量”划分为“知识势能”“知识动能”和“知识内能”三个维度，并基于知识能量流出方和流入方的知识能量结构差异分析知识能量流动机理；其次以“知识势能”为价值累积导向，以“知识动能”为价值惯例导向，以“知识内能”为价值提升导向，提出“价值累积→价值流动（价值累积和价值惯例的交互作用）→价值提升”的研究主线，并对整体建模中的“系统外部知识→知识势能→价值累积”“价值累积→价值惯例→系统内部价值流动”和“系统内部价值流动→知识内能→价值提升”三层因果关系进行时间验证；最后以京津冀高技术产业创新生态系统为例，对知识能量流动机理进行检验，以期突破带动京津冀高技术产业的转型升级，实现产业协同发展。

# 第二章

# 相关概念界定与文献综述

本书涉及的核心概念包括“产业创新生态系统”“价值创造”和“知识能量流动”三个方面：产业创新生态系统是产业层面的创新生态系统，强调了中观视角下的产业边界；价值创造是增强产业组织竞争优势的重要途径，强调了创新网络视角下的价值模块化；知识能量流动是产业创新生态系统中的价值流动，强调了知识管理视角下的价值交互。

## 第一节　产业创新生态系统

产业创新生态系统不仅是对生态系统的隐喻，而且是集合商业生态系统和产业创新系统特质的复杂系统，更是产业层面创新生态系统的理论延伸。本节首先从生态系统理论切入，旨在说明生态能量学的应用价值；其次论述了商业生态系统理论的发展路径，旨在说明价值创造与价值获取在该领域研究中的重要性；再次梳理了产业创新系统理论，旨在说明产业创新的研究视角与维度；最后论述了创新生态系统理论的发展趋势，旨在说明价值流动是该领域研究中的前沿问题。因此，本节分别对生态系统、商业生态系统、产业创新系统和创新生态系统的概念进行界定和文献综述。

## 一、生态系统

1. 整体论视角下的生态系统

“生态系统”最早是由 Tansley（1935）根据 20 世纪初生态学“群落整体论与还原论”的争论提出的①。不同于对群落的“个体论”定义和“机体论”定义，Tansley 将群落定义为“准有机体”，认为群落应当作为整体来研究。Tansley 认为，相对稳定的顶级群落是一个或多或少具有明确结构的复杂整体，不能把生物体与其特定环境分离。由此，他将“生态系统”定义为“一个物理学意义上的整体系统，不仅包括各种生物，而且包括构成（生态）生物群系统环境的全部物理因子，即广泛意义上的生境因子”。根据上述 Tansley 的定义，本书将产业创新生态系统作为创新系统的基本单元，将其视为一个有机整体。

2. 营养动力学视角下的生态系统

为了体现生态系统的有机整体性，Lindeman（1942）做出了历史性贡献。Lindeman 通过对美国明尼苏达州赛达伯格湖水生物群落的能量活动进行营养转化过程研究发现，“食物链上每个等级的生产效率由呼吸和生长的关系确定；生态系统的能量在相邻两个营养级间的传递效率是 10% ~20%”②。这种没有将生态系统中的生命物质和非生命物质分开，并把生态系统中的生物营养动力学基本过程描述为能量在生态系统中的运输的研究方法，对本书的研究具有重要启示：首先，Lindeman 强调了生态系统中生物的营养功能，特别是强调了其定量关系在“经由演替形成的群落模式”中起到的主要作用，这种研究方法在产业创新生态系统的演化机理研究中是相对匮乏的；其次，Lindeman 确认了生态学的一个基本动力学过程是能量流动，能够把生物的季节性营养关

---

① Tansley A G. The Use and Abuse of Vegetational Concepts and Terms [J]. Ecology, 1935, 16 (3): 284 - 307.

② Lindeman R L. The Trophic - Dynamic Aspect of Ecology [J]. Ecology, 1942, 23 (4): 399 - 417.

系整合到群落演变的长期过程中去，这种能量流动的研究视角在产业创新生态系统的运行机理研究中也是相对匮乏的；最后，Lindeman 建立了生态学的一个新的理论方向，并表明了该方向的正确性①，而本书正是将这种以生态过程通过能量循环来进行解释的方法，应用于产业创新生态系统研究的理论初探。

3. 能值视角下的生态系统

"生态系统能量说"是 Odum H T 和 Odum E P 兄弟在 Lindeman 的理论基础上提出的，有力地推动了生态系统概念的发展。Odum E P（1968）指出，生态系统分析的核心是"生态能量学"②，其出版的《生态学基础》一书中将生态系统定义为"一个区域内共同栖居着的所有生物（生物群落），与其环境之间由于不断进行物质循环和能量流动而形成的统一整体"③；Odum H T（1975）指出，"能质"是不同来源、不同形式的能量，具有不同的性质和等级水平差异，因而其做功的能力不同，其出版的《环境计量：能值与环境决策制定》一书中提出了一种将不同质的能量转换成同一标准能量的定量分析法，能值转换率可以用来描述产品的经济有效性④。Odum 兄弟的能量学说坚持将能量学作为生态学的基本理论，能量被看作贯穿于生态系统的基础要素的核心地位，"生态系统能量说"一度成为生态学家公认的核心范式，其隐喻性的热力学分析视角为本书以产业创新生态系统为中心的价值分析奠定了坚实基础。

## 二、商业生态系统

1. 从属关系视角

商业生态系统的概念最初是源于生物学的隐喻，强调了考虑更广泛地超越

① Cook R E. Raymond Lindeman and the Trophic – Dynamic Concept in Ecology [J]. Science, 1977, 198 (4312): 22 – 26.

② Odum E P. Energy Flow in Ecosystems: A Historical Review [J]. American Zoologist, 1968, 8 (1): 11 – 18.

③ Odum E P, Barrett G W. 生态学基础（第五版）[M]. 陆健健等译. 北京：高等教育出版社，2009.

④ Odum H T. Environmental Accounting: Energy and Environment Decision Making [M]. New York: Wiley, 1975.

行业边界的关系网络。Moore（1996）将其定义为“一个由相互作用的组织和个体（商业领域的有机体）为基础组成的经济共同体。这种经济共同体为作为生态系统成分的消费者提供有价值的商品和服务。这些成分组织包括供应商、主要生产商、竞争对手和其他利益相关者。随着时间的推移，他们协同演化出独有的能力和角色，并倾向于与一个或多个主导企业所设定的方向保持一致。那些主导企业也将随着时间的推移而改变，但由于其能够引导成员间的投资向共同的愿景集合，并找到相互支撑的角色，因此生态系统中的这些领导者的功能在组织中被重视”①。

类似的，Iansiti 和 Levien（2004）将商业网络定义为围绕一个关键物种组织起来的生态系统，其特征是存在大量相互联系松散的参与者，为了实现共同效率和生存而相互依赖②。商业生态系统作为关联性网络的定义在 Autio 和 Thomas（2014）、Jacobides 等（2015）、Rong 和 Shi（2014）等的研究中得到了广泛认可③④⑤。这种从生态系统从属关系出发的定义，削弱了生产性生态系统中传统的产业边界、递增的依存关系以及潜在的共生关系。因此，相关研究侧重于探讨商业生态系统的准入和开放问题，强调在更大网络中的合作伙伴数量、网络密度和参与者中心度等，在“医疗生态系统”“微软生态系统”“硅谷生态系统”和“创业生态系统”的分析中尤为明显。

从属关系的生态系统战略往往侧重于增加与核心参与者或平台的联系，从

① Moore J F. The Death of Competition：Leadership and Strategy in the Age of Business Ecosystems [M]. New York：Harper Collins，1996.

② Iansiti M，Levien R. The Keystone Advantage：What the New Dynamics of Business Ecosystems Mean for Strategy，Innovation and Sustainability [M]. Boston：Harvard Business Press，2004.

③ Autio E，Thomas L. Innovation Ecosystem：in the Oxford Handbook of Innovation Management [M]. UK：Oxford University Press，2014.

④ Jacobides M G，Macduffie J P，Tae C J. Agency，Structure，and the Dominance of OEMs：Change and Stability in the Automotive Sector [J]. Strategic Management Journal，2015，37（9）：1942－1967.

⑤ Rong K，Shi Y. Business Ecosystems：Constructs Configurations and the Nurturing Process [M]. London：Palgrave Macmillan，2014.

而增加其中心度和预期的能力。Brandenburger 和 Nalebuff（1996）[①]、Jacobides 等（2006）[②] 的研究表明，通过增加生态系统中参与者的数量和强度，核心参与者增加了其议价能力。Parker 等（2016）指出，直接和间接的网络外部性增加了系统价值，并增加了合作伙伴之间偶然互动和重新组合的可能性，进而增加了系统的整体价值创造[③]。Sako（2018）进一步指出，可持续性的价值累积是商业生态系统获得竞争优势的必由之路[④]。

商业生态系统为宏观层面的互动提供了一个颇有裨益的隐喻和描述。然而，通常很难将其特征与其他相互依赖的方法区分（如网络、平台、多边市场）。此外，由于其研究的整体化倾向，该视角下的战略引导往往倾向于聚焦综合管理和组织强化，对价值创造的具体机理解释能力有限。

2. 结构关系视角

结构关系视角为考虑相互依存的价值创造关系提供了一种补充方法。以 Adner 的系列研究成果最具有代表性[⑤⑥⑦⑧⑨⑩]，其核心要素如表 2-1 所示。Adner 有关“价值主张”的分析是其固有论点，认为商业生态系统要通过多边

---

① Brandenburger A M, Nalebuff B J. Co-opetition [M]. New York: Crown Business, 1996.

② Jacobides M G, Knudsen T, Augier M. Benefiting from Innovation: Value Creation, Value Appropriation and the Role of Industry Architectures [J]. Research Policy, 2006, 35 (8): 1200-1221.

③ Paker G G, Van Alstyne M W, Choudary S P. Platform Revolution [M]. New York: Norton and Co, 2016.

④ Sako M. Technology Strategy and Management: Business Ecosystems: How Do They Matter for Innovation [J]. Communications of the ACM, 2018, 61 (4): 20-22.

⑤ Adner R. Match Your Innovation Strategy to Your Innovation Ecosystem [J]. Harvard Business Review, 2006, 84 (4): 1-11.

⑥ Adner R. Navigating the Leadership Challenges of Innovation Ecosystems [J]. MIT Sloan Management Review, 2016, 58 (1): 29-51.

⑦ Adner R, Feiler D. Interdependence, Perception, and Investment Choices: An Experimental Approach to Decision Making in Innovation Ecosystems [J]. Organization Science, 2019, 30 (1): 109-125.

⑧ Adner R, Kapoor R. Value Creation in Innovation Ecosystems: How the Structure of Technological Interdependence Affects Firm Performance in New Technology Generations [J]. Strategic Management Journal, 2010, 31 (3): 306-333.

⑨ Adner R, Kapoor R. Innovation Ecosystems and the Pace of Substitution: Re-examining Technology S-curves [J]. Strategic Management Journal, 2016a, 37 (4): 625-648.

⑩ Adner R, Kapoor R. Right Teck, Wrong Time [J]. Harvard Business Review, 2016b, 94 (11): 60-67.

伙伴关系的联盟结构来定义，需要通过交互来实现核心价值主张。他认为，由于不同参与者的价值主张不同，对商业生态系统的分析不仅需要考虑利益分歧，还需要考虑视角上的分歧（价值期望和价值分配）。而商业生态系统本质上是“多边伙伴联盟结构的作用形成价值主张的统一”，已有研究对商业生态系统战略在现实问题中的应用进行了详细论证，如表 2 -2 所示。

**表 2 -1 商业生态系统的核心要素**

| 核心要素 | 理论解释 |
|---|---|
| 联盟结构 | “联盟”是指参与者之间就立场和活动流达成一致的程度，不同的参与者可能存在不同的最终状态和目标。一个运行良好的商业生态系统是所有参与者的立场（生态位）达到帕累托最优 |
| 多边关系 | “多边”是指合作伙伴的多样性，可以分解为双边关系交互聚合的相互依赖的结构。其中，联盟多样性是关系多样性的前提（Lavie and Singh，2012）① |
| 合作伙伴 | “合作”是指参与者将共同的价值创造工作作为一个总体目标，“伙伴”是价值主张所依赖的参与者 |
| 核心价值主张 | 对商业生态系统的分析不仅要考虑利益上的分歧（传统的竞争和价值获取的概念），还要考虑视角上的分歧（价值创造的期望和第三方的价值分配） |

**表 2 -2 商业生态系统战略的实现途径**

| 研究领域 | 支撑文献 | 核心问题 | 典型案例 | 实现途径 | 战略思考 |
|---|---|---|---|---|---|
| 平台 | Gawer 和 Cusumano（2002）②<br>胡海波和卢海涛（2018）③ | 以技术为重点的获取、激励和控制 | Intel<br>数字企业 | 相互作用的管理 | 相互依赖的结构 |

① Lavie D，Singh H. The Evolution of Alliance Portfolios：The Case of Unisys [J]. Industrial and Corporate Change，2012（21）：763 -809.

② Gawer A，Cusumano M A. Platform Leadership：How Intel，Microsoft，and Cisco Drive Industry Innovation [M]. Boston：Harvard Business Press，2002.

③ 胡海波，卢海涛．企业商业生态系统演化中价值共创研究——数字化赋能视角[J]. 经济管理，2018，40（8）：55 -71.

续表

| 研究领域 | 支撑文献 | 核心问题 | 典型案例 | 实现途径 | 战略思考 |
|---|---|---|---|---|---|
| 多元市场 | Hagiu 和 Wright（2015）① | 以交易为重点的获取、激励和控制 | e－Bay | 没有代理作用的多边协定 | 可竞争性作用的合作伙伴 |
| 网络联盟 | Gulati（2018）②<br>Powell 等（2017）③ | 可观测的联通模式 | 生物技术联盟网络 | 明确的计划和联盟策略 | 价值流动与统一的价值主张 |
| 商业模式 | Osterwalder 等（2015）④<br>Zott 等（2018）⑤ | 核心企业的价值创造和获取 | Zipcar | 合作伙伴的间接联系 | 伙伴企业运行模式必要的一致性 |
| 合作共生 | 丁玲和吴金希（2017）⑥ | 互利共生和捕食共生 | 宇通客车 | 合理配置和高效协作 | 核心企业的嵌入能力 |
| 调节机制 | 宋华等（2018）⑦ | 资金柔性化 | 供应链金融 | 缓解资金压力和提高资金柔性 | 价值共创 |
| 产业结构 | 刘刚和熊立峰（2013）⑧ | 消费者需求 | Apple | 以需求结构为导向 | 竞争优势的提升 |
| 行业架构 | Jacobides 等（2006） | 纵向分工 | 抵押银行 | 传统价值链 | 传统价值链以外的全新依赖关系 |

① Hagiu A, Wrigh J. Multi－sided Platforms [J]. International Journal of Industrial Organization, 2015 (43): 162－174.

② Gulati R. Network Location and Learning: The Influence of Network Resources and Firm Capabilities on Alliance Formation [J]. Strategic Management Journal, 2018 (20): 397－420.

③ Powell W W, Koput K W, Smith－Doerr L. Interorganizational Collaboration and the Locus of Innovation: Networks of Learning in Biotechnology [J]. Administrative Science Quarterly, 2017 (41): 116－145.

④ Osterwalder A, Pigneur Y, Tucci C L. Clarifying Business Models: Origins, Present, and Future of the Concept [J]. Communications of the Association for Information Systems, 2015 (16): 1－25.

⑤ Zott C, Amit R, Massa L. The Business Model: Recent Developments and Future Research [J]. Journal of Management, 2018 (37): 1019－1042.

⑥ 丁玲，吴金希．核心企业与商业生态系统的案例研究：互利共生与捕食共生战略[J]．管理评论，2017，29（7）：244－257.

⑦ 宋华，陈思洁，于亢亢．商业生态系统助力中小企业资金柔性提升：生态规范机制的调节作用[J]．南开管理评论，2018，21（3）：11－22.

⑧ 刘刚，熊立峰．消费者需求动态响应、企业边界选择与商业生态系统构建——基于苹果公司的案例研究[J]．中国工业经济，2013（5）：122－134.

续表

| 研究领域 | 支撑文献 | 核心问题 | 典型案例 | 实现途径 | 战略思考 |
|---|---|---|---|---|---|
| 开放创新 | 彭华涛和 Sadowski（2014）[①]<br>彭本红和武柏宇（2016）[②] | 创新资源；组织和参与者的治理和特性 | 高科技园区、平台型企业 | 多个参与者的集成 | 多边驱动力 |
| 价值网络 | 尹波等（2015）[③] | 平台开放、资源整合 | 泸州老窖 | 社会责任机制治理 | 价值网络重构 |

商业生态系统作为相互依存的价值创造网络，在近年来的相关研究中得到了极大的重视，但仍旧缺乏明确的概念、关系和边界。结构关系视角下的商业生态系统将价值主张作为基础，强调了联盟结构的重要作用，该定义有助于价值创造与价值获取的相关研究在实践问题中的进一步发展。

## 三、产业创新系统

产业创新系统作为某一区域或者跨区域某产业区间内创新生产、整合和应用群落及与环境之间形成的一种新兴组织形态，日益受到学术界的重视。

Freeman（1987）在 List（1841）的“国家系统”观点和 Schumpeter（1911）的创新理论的基础上，首次在《技术政策与经济绩效：日本的经验》一书中提出国家创新系统（National Innovation System）的概念：“一种由公共部门和私营部门共同构建的网络，一切技术的发起、引进、改良和传播都通过这个网络中各个组成部分的活动和互动得到实现。”OECD 于 1994 年启动“国家创新体系研究项目”（NIS project），并相继发表了“*The Knowledge Based Economy*”和“*National Innovation System*”两份报告，不仅标志着知识经济和国家创新系统研究上升到国家战略决策的高度，而且划分了以 Nalson（1993）等

① 彭华涛，Bert Sadowski. 开放式创新网络形成及演化的探索性案例研究[J]. 科研管理，2014，35（8）：51－58.

② 彭本红，武柏宇．平台企业的合同治理、关系治理与开放式服务创新绩效——基于商业生态系统视角[J]. 软科学，2016，30（5）：78－81

③ 尹波，赵军，敖治平，张良．商业生态系统构建、治理与创新研究——以泸州老窖商业生态系统战略为例[J]. 软科学，2015，29（6）：46－50.

为代表的宏观学派，以及 Lundvall（1992）等为代表的微观学派。但是，正如《牛津创新手册》指出的："创新系统中'制度'的作用并没有一致的含义，创新系统方法的组织和要素也尚不明确。"

产业创新系统是继技术创新理论和国家创新系统理论之后兴起的新兴前沿领域①，Malerba（2005a，2005b，2013）在国家创新系统和技术创新系统研究的基础上，结合演化论和学习理论，首次提出产业创新系统（Sectoral System of Innovation）的概念，认为其是在开发和制造产业产品，以及产生和利用产业技术的企业活动系统，包括知识与技术、行为者与网络、制度三个重要模块。该理论丰富了国家创新系统、区域创新系统和技术创新系统的内涵②③④。柳卸林（2006）参照 Malerba 的理论模型，构建出适合于中国不同产业的抽象模型，强调政府通过制定产业政策和制度直接作用于企业，激励企业主动把握技术机会，充分利用外部资源，认清合中国市场特性，从而提高企业的技术能力、管理能力和市场能力⑤。李进兵（2016）结合我国战略性新兴产业创新系统的实际情况，提出平衡态和序参量是研究产业创新系统演化问题的核心⑥。何向武和周文泳（2018）则进一步强调了产业创新系统协同性的重要作用，并通过测算我国 31 个省份区域高技术产业的发展程度，详细论述了产业协同创新在宏观区域层面的表征⑦。

可以认为，产业创新系统是国家创新系统理论的子集，是在技术创新理论和演化经济学理论的支撑下，通过研究产业技术、信息、人才的有效流动，实现产业要素间的有机结合和联动。而本书正是基于技术为载体的显性知识以及

① 张治河，胡树华，金鑫等．产业创新系统模型的构建与分析[J]．科研管理，2006（2）：36－39.

② Malerba F. Sectoral Systems of Innovation：Concepts，Issues and Analyses of Six Major Sectors in Europe [J]. Technological Forecasting & Social Change，2005a，72（9）：1153－1154.

③ Malerba F. Sectoral Systems of Innovation：A Framework for Linking Innovation to the Knowledge Base，Structure and Dynamics of Sectors [J]. Economics of Innovation & New Technology，2005b，14（1－2）：63－82.

④ Adams P，Fontana R，Malerba F. The Magnitude of Innovation by Demand in a Sectoral System：The Role of Industrial Users in Semiconductors [J]. Research Policy，2013，42（1）：1－14.

⑤ 柳卸林．二元的中国创新体系[J]．科学学与科学技术管理，2006，27（2）：14－21.

⑥ 李进兵．战略性新兴产业创新系统演化进程与驱动力[J]．科学学研究，2016，34（9）：1426－1431.

⑦ 何向武，周文泳．区域高技术产业创新生态系统协同性分类评价[J]．科学学研究，2018，36（3）：541－549.

人才为载体的隐性知识创造价值的有效流动，提出“知识能量流动”是实现产业要素资源配置最优的有效途径。

## 四、创新生态系统

在成熟的产业中，竞争的激烈程度和生产者获取价值的能力十分显著，只有当创新需要改变行为、主体、位置和关联的配置时，生态系统特征才会显现，即动态性视角对制定和理解创新生态战略至关重要。因此，首先需要对“创新生态系统”进行概念界定。

随着创新理论的发展，学术界由关注组织结构和资源配置的“创新系统”，转向关注价值创造和价值获取的“创新生态系统”。张贵等（2018）指出，创新生态系统既是一个由创新源、创新物种、创新群落、创新链、创新网络组成的类似自然生态的复杂系统，又是一个不断演化和自我超越的系统①。梅亮等（2017）指出，创新生态系统的研究引导企业战略由简单的联合工作向多主体合作转变，从产品竞争向平台竞争转变，从企业独立运营向生态组织共同演化转变，从而为组织战略的设计与制定提供依据②。Chae（2019）则基于大数据技术的兴起，以及大规模获取数据、信息和知识的可能性，认为创新生态系统正是一种大规模的数据、信息和知识网络，这种规模上的量变带来了价值链的破坏性和变革性质变③。

国内外学者对创新生态系统的价值创造问题研究可以归纳为三个方面：一是创新生态系统的成因研究。Adner 和 Kapoor（2010）认为，创新生态系统的本质是价值创造，知识（技术）的相互依赖结构是影响企业创新绩效的关键④；黄

① 张贵，温科，宋新平等．创新生态系统：理论与实践[M]．北京：经济管理出版社，2018.

② 梅亮，黄海霞，陈劲等．创新生态系统研究评述——基于主干与分支属性的知识结构分析[J]．创新与创业管理，2017（1）：1－14.

③ Chae B K. A General Framework for Studying the Evolution of the Digital Innovation Ecosystem：The Case of Big Data [J]. International Journal of Information Management，2019，45：83－94.

④ Adner R，Kapoor R. Value Creation in Innovation Ecosystems：How the Structure of Technological Interdependence Affects Firm Performance in New Tech nology Generations [J]. Strategic Management Journal，2010，31（3）：306－333.

海霞等（2019）认为，创新生态系统的运行不仅需要内部知识的交流与互动，还需要外部知识的沟通与共享①。二是知识创造价值的路径研究。Szmal 和 Janiszewski（2018）强调了创新生态系统中价值的创造和吸收主体间关联的重要性，并将其归结为知识流动创造价值的过程②；王莉和游竹君（2019）进一步指出创新生态系统内不同生命周期阶段的知识流动带来价值创造和价值获取的变化，从而形成了围绕知识流动而进行的价值创造和价值获取的创新网络结构③。三是价值创造的影响因素研究。王发明和朱美娟（2018）指出，影响创新主体价值共创行为的主要因素包括对创新生态系统服务和技术突破的满意程度、创新生态系统价值取向、创新生态系统资源共享制度、创新生态系统领导企业信任程度以及环境驱动因素等④；王海杰和宋姗姗（2019）则指出，产业互联网和开放式创新是价值生态系统构建的内在要求，多种价值群落的形成增加了创新生态系统的稳定性和柔韧性，创新主体从而获取了感知价值、捕获价值和转化价值的动态能力⑤。

总体来看，创新生态系统既拥有超越生态系统的社会经济属性，又拥有超越商业生态系统的价值网络属性，还拥有超越产业创新系统的生态学属性。需要指出的是，商业生态系统的核心属性是“寻求创新联盟”，资源的价值、稀缺性和不可复制性在多边伙伴关系中得以体现，竞争优势的可持续性既与保持多边伙伴关系有关，也与抑制竞争对手有关。虽然以企业为代表的创新主体的地位、规

---

① Huang H, Chen J, Yu F, et al. Establishing the Enterprises' Innovation Ecosystem Based on Dynamics Core Competence—The Case of China's 2High - Speed Railway [J]. Emerging Markets Finance & Trade, 2019, 55 (4): 843 - 862.

② Szmal A, Janiszewski A. Activites of Knowledge Intermediaries in Regional Innovation System—Experiences, Perspectives and Challenges [J]. International Multidisciplinary Scientific Conference on Social Sciences & Arts SGEM, 2018 (5): 11 - 18.

③ 王莉，游竹君．基于知识流动的创新生态系统价值演化仿真研究[J]. 中国科技论坛，2019(6)：48 - 55.

④ 王发明，朱美娟．创新生态系统价值共创行为影响因素分析——基于计划行为理论[J]. 科学学研究，2018，36（2）：370 - 377.

⑤ 王海杰，宋姗姗．互联网背景下制造业平台型企业商业模式创新研究——基于企业价值生态系统构建的视角[J]. 管理学刊，2019，32（1）：43 - 54.

模和能力将明显地影响联盟决策和形成相互依赖关系的能力，但对组织的作用有限。创新生态系统中不对称的相互依赖关系颠覆了传统战略管理理论对规模和权利的预期作用，创新者的成功在很大程度上取决于合作伙伴的创造性颠覆，而不是伙伴选择的可持续性。可以看出，创新生态系统的研究范围已经从价值创造的获取问题扩展到了整个更广泛的生态系统的价值分配问题，相互依赖的结构关系的多样性导致了对价值的描述和度量方法的多样性。与传统的价值链研究相比，创新生态系统的价值创造研究也带来了在更广泛的参与者群体中获取数据、信息和知识的挑战，这也是本书试图通过构建知识能量流动理论来解决的问题所在。

## 第二节 价值创造

为了找到适当的研究产业创新生态系统价值创造过程的视角，本节对价值和价值创造的内涵以及研究价值创造过程的主要模式进行探析。

### 一、价值

价值概念一直是经济学理论的原始起点和最终源泉，但关于价值的内涵界定分歧较大，既可以是有价值的物质实体，又可以是客观存在的功能属性，还可以是客体满足主体需要的精神关系。而根据价值尺度的主流判定基本方向，价值可以分为劳动价值、效用价值两个方面。①

Petty 于 1662 年在其著作《赋税论》中提出劳动创造价值的观点，之后经过 Smith、Ricardo、Marx 等的发展与完善，形成了现在一般意义上的劳动价值论。劳动价值论认为，价值决定于物化在商品中的社会必要劳动价值量，劳动

① 杨芳洲．价值论[M]．北京：中国社会科学出版社，2005.

是衡量一切商品交换加之的真实尺度。劳动价值论区分了“使用价值”和“价值”的概念，认为价值是商品中的人类一般劳动，使用价值只是加之的物质承担者，本身并不形成价值。劳动价值论对价值来源的界定是一个纯粹的、抽象的关系范畴，并在其产生和发展的历史时期成功地解释了人与人之间的劳资关系问题。但是随着社会经济的发展、自然资源价值等问题的出现，劳动价值论逐渐显现出不足。

Say 于 1802 年在著作《政治经济学概论》中系统地提出了生产要素价值论，认为价值是个人对商品使用价值的主观评价即效用，而效用的创造不仅有劳动，还有资本和土地，即三种生产要素共同创造价值。在此思想基础上，边际学派倡导的效用价值理论兴起。根据研究方法的不同，边际学派分为以奥地利学派为代表的心理学派和以数学为分析工具的数理学派。虽然其论证方法不同，但拥有共同的理论核心，即以人们对商品效用的主观评价大小作为衡量商品价值的唯一标准。具体来说，效用价值论认为物品具有一种满足人们主观欲望的能力，即效用；价值是一种主观心理感受，而不是物品所具有的任何客观属性。价值的源泉是效用，但是效用必须与稀缺结合才能构成价值形成的充分条件，所以边际效用能够显示由稀缺性带来的价值量的变动，即边际效用是衡量价值量的尺度①。

综上所述，效用价值强调主观性，即满足人们主观需求的能力；使用价值强调客观性，即物品本身拥有的客观属性。因此，本书研究的价值是效用价值，即满足主观欲望的能力。

## 二、价值创造

价值创造涉及不同的学科领域，一般根据研究目的的不同选择对应的研究模式。从战略管理视角来看，价值是购买者愿意为企业提供给他们的产品所支付的价格，而企业的根本任务就是不断地创造价值，并在创造价值的过程中实

① 于庆东．经济价值评价[M]．北京：中国标准出版社，2008.

现包括企业价值和社会价值在内的价值最大化①。从竞合关系视角来看，价值创造过程是企业间的资源合作产生了“1 +1 >2”的效果，是合作者竞争优势加强的过程②。Brandenburger 和 Nalebuff（1995）的“价值网络”理论指出：“企业在共同开拓市场与价值创造时倾向于建立合作关系，在分享价值时倾向于建立竞争关系。”③ 合作关系体现为核心企业通过弥补自身创新能力不足而建立的与从属企业间的合作关系，以及通过扩大协同价值网络而建立的从属企业之间的合作关系；竞争关系体现为核心企业通过采用自主创新模式吸纳从属企业，通过形成具有单核网络结构的价值网络获得竞争优势。可以认为，竞合关系是价值创造的载体，能够体现各类研究价值创造过程采取的具体方式和途径，对其研究必须建立在具体的模式基础上④。本节首先从“外源性价值量变”角度切入，旨在说明价值网络系统外部知识的扩散与捕获是价值创造的累积模式；其次从“内生性价值量变”角度切入，旨在说明价值网络系统中的组织惯例与忘却学习是价值创造的惯例模式；最后从“内生性价值质变”角度切入，旨在说明价值网络系统中的旧知识催化和新知识涌现是价值创造的提升模式。因此，本节分别对价值累积、价值惯例和价值提升三种价值创造模式进行文献综述，其关系逻辑如图 2 –1 所示。

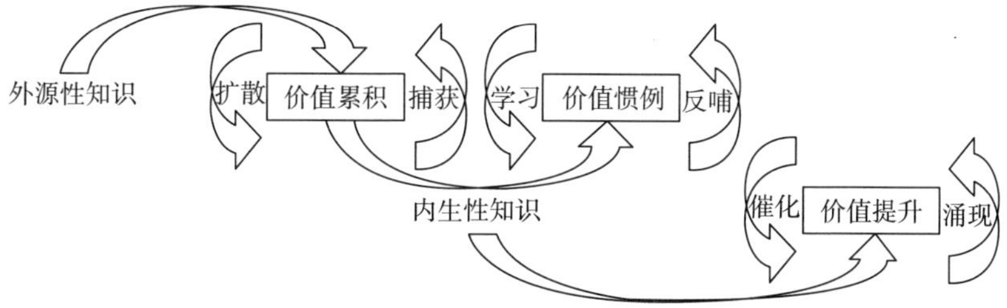


**图 2 –1　价值创造的逻辑关系**

① 迈克尔·波特．国家竞争优势[M]．李明轩译．北京：华夏出版社，2002.

② Ulaga W. Customer Value in Business Markets：An Agenda for Inquiry [J]. Industrial Marketing Management，2001，30（4）：315 –319.

③ Brandenburger A，Nalebuff B. The Right Game：Use Game Theory to Shape Strategy [J]. Harvard Business Review，1995，76（7）：57 –71.

④ 谭娜．基于价值生态系统的创意产业价值创造能力评价研究［D］．东华大学，2012.

1. 价值累积模式

价值网络系统中的扩散活动是指知识、创新技术、理念以及方法基于时空条件的不断变化而持续延伸、演化以及扩展其应用领域的过程，这种过程以实施扩散活动的产业创新主体和环境为基础，以不同产业创新主体间的创新势能差为动力。对于产业创新扩散活动的把握和认识主要是从 Metcalfe（1988）提出的选择、移动和转移的空间抽象角度，以及 Smith 和 Song（2004）提出的通过一定渠道在潜在使用者间的传播与采用的具体应用角度展开的。从空间抽象角度来看，李庆满等（2019）指出，在以数字化、网络化、信息化为主要特征的知识经济时代，产业集群为互补性资源共享和异质性知识扩散提供了网络平台①；毛琦梁和王菲（2018）指出，知识扩散及其影响地区比较优势演化的空间作用机制是有效推进区域创新与协同发展的重要基础，知识扩散空间衰减使邻近地区间具有知识流动的优势，通过“成功产业示范效应”作用途径，知识扩散更易发生于具有较强竞争力的产业中，促进本地发展邻近地区的优势产业，进而引致邻近地区间比较优势的趋同演化②。从具体应用角度来看，张路蓬等（2018）基于技术扩散视角，构建了“创新能力—技术领域相似性”的二元属性网络演化模型，揭示了战略性新兴产业价值网络演化的“黑箱问题”③；周源（2018）同样基于技术扩散的视角，首次实证检验了我国制造范式升级中共性使能技术扩散的核心影响要素与作用机制，并揭示了企业规模、共性技术创新协同主体在其中发挥的调节作用④。

价值网络系统中的捕获活动是指产业创新主体在从外部获取知识、创新

① 李庆满，戴万亮，王乐．产业集群环境下网络权力对技术标准扩散的影响——知识转移与技术创新的链式中介作用[J]．科技进步与对策，2019，36（8）：28－34.

② 毛琦梁，王菲．地区比较优势演化的空间关联：知识扩散的作用与证据[J]．中国工业经济，2018（11）：136－154.

③ 张路蓬，薛澜，周源，张笑．战略性新兴产业创新网络的演化机理分析——基于中国2000—2015年新能源汽车产业的实证[J]．科学学研究，2018，36（6）：1027－1035.

④ 周源．制造范式升级期共性使能技术扩散的影响因素分析与实证研究[J]．中国软科学，2018（1）：19－32.

技术、理念以及方法的基础上，通过内部的学习机制对创新资源进行消化、吸收从而提高自身创新能力的过程。聂继凯和危怀安（2017）指出，“捕获”隐喻了捕获方式与捕获状态间的耦合性，是摆脱创新资源被动配置的惯有思维，树立微观创新主体影响创新资源流向的主动位势，重点是探讨创新主体能动性的发挥①。基于学界对 Cho 和 Yu（2000）将创新资源捕获划分为内部捕获和外部捕获的一致认可②，陈劲等（2012，2014）和刘景东等（2015）构建了较为完善的创新资源捕获理论体系，并提炼出“创新捕获→创新能力→创新绩效”的内在逻辑。需要指出的是，以知识为基础的联系网络已成为知识经济的显著特征，企业有效利用外部知识的能力是企业创造价值的重要来源③④⑤。李纲等（2017）和赵凤等（2016）则进一步验证了外部的社会网络环境和产品多元化对产业创新的调节作用⑥⑦。此外，冯永春等（2016）指出，在复杂的动态系统中需要识别并捕获创新的机会，重构配置创新资源，而成功的关键在于企业能否通过微观基础提升其动态能力，进而实现其创新能力的提升⑧。

2. 价值惯例模式

价值网络系统中的学习活动是指产业创新主体在协同创新的过程中进行知

① 聂继凯，危怀安．国家重点实验室创新资源捕获过程实证研究[J]. 科研管理，2017，38（9）：69－76.

② Cho D H，Yu P I. Influential Factors in the Choice of Technology Acquisition Mode：An Empirical Analysis of Small and Medium Size Firms in the Korean Telecommunication Industry [J]. Technovation，2000，20（12）：691－704.

③ 陈劲，吴波．开放式创新下企业开放度与外部关键资源获取[J]. 科研管理，2012（9）：10－21.

④ 陈劲，阳银娟．外部知识获取与企业创新绩效关系研究综述[J]. 科技进步与对策，2014，31（1）：156－160.

⑤ 刘景东，党兴华，谢永平．不同知识位势下知识获取方式与技术创新的关系研究——基于行业差异性的实证分析[J]. 科学学与科学技术管理，2015（1）：44－52.

⑥ 李纲，陈静静，杨雪．网络能力、知识获取与企业服务创新绩效的关系研究——网络规模的调节作用[J]. 管理评论，2017（2）：59－68.

⑦ 赵凤，王铁男，王宇．开放式创新中的外部技术获取与产品多元化：动态能力的调节作用研究[J]. 管理评论，2016（6）：76－85.

⑧ 冯永春，崔连广，张海军，刘洋，许晖．制造商如何开发有效的客户解决方案？[J]. 管理世界，2016（10）：150－173.

识和信息的输入、输出和反馈，从而实现知识的开发、扩散和应用的过程①。张贵等（2018）指出，产业创新主体在系统内部以及内外部之间的自由流动能够促进知识信息的扩散和流动，并且在市场机制的作用下，这种流动活动会进一步推动信息资源在不同创新主体之间的优化配置，从而弥补不同创新主体对于知识的需求。这里需要指出的是，创新主体的流动主要产生在系统内部：一是由于系统内部企业等更为宏观的主体之间具有特征的互补或者相似之处，员工等微观主体更容易在不同的宏观主体找到自身的位置；二是不同微观主体的流动会增强不同宏观主体之间的交流，使不同宏观主体之间能够建立其有效的关系纽带，从而减少不同宏观主体之间的交易成本。王伟光等（2015）指出，对于国家和产业的发展而言，由于低技术产业的技术开发成本高以及创新资金不足等障碍，模仿高技术产业是产业创新主体获取竞争优势的主要途径，而模仿创新主要是创新知识学习活动的模仿，创新主体在对其他示范创新主体进行模仿创新的过程中，通过对创新知识学习、消化与吸收，可以扬长避短，并融合自身的技术资源对其进行改进与提高，从而提升自身的竞争实力②。易明等（2017）基于产业集群边界交互式学习能力差异，将产业集群学习主体划分为关键性学习主体和非关键性学习主体，指出边界交互式学习与产业集群内部学习在学习目标和学习过程方面具有一致性③。魏国江（2018）则从企业层面提出了三种学习模式：一是对产业相关主体既有知识体系的借鉴性学习，依靠自身吸收能力、运用能力及领悟能力获得知识；二是对企业现有知识形成过程的反思及既有知识体系的改进与应用获得新知识的经验性学习；三是通过

① 何铮，顾新．知识网络中组织之间交互式学习研究[J]．情报理论与实践，2014，37（3）：95－100.

② 王伟光，马胜利，姜博．高技术产业创新驱动中低技术产业增长的影响因素研究[J]．中国工业经济，2015（3）：70－82.

③ 易明，高金鹏，王腾．基于边界交互式学习的产业集群开放式创新[J]．科技进步与对策，2017，34（3）：62－68.

研发实验及摸索发现前沿新知识的探索性学习①。

价值网络系统中的反哺活动是指学习主体向被学习主体进行反哺的工作机理和工作方式，即学习主体在被学习主体的帮助下获得了成长和价值，待学习主体进入一定的成长周期后，将通过自身具备的创新资源反过来对被学习主体进行援助或者帮助。Hwang 等（2015）在《硅谷生态圈》一书中指出，价值网络系统的反哺活动包括实施主体、实现路径和反哺资源三个条件②。王龚和史永东（2017）、刘明辉和卢飞（2017）分别就科技金融反哺银行业、农业反哺工业进行了实证检验，发现直接反哺③主要发生于学习主体与被学习主体同质性较强的情况，间接反哺主要发生于学习主体与被学习主体异质性较强的情况④⑤。可以认为，基于价值网络系统丰富的价值网络资本，学习主体具备进行反哺活动的显性资源和隐性资源，能在最大限度上聚集包括资金、人才、技术、风险规避等在内的能量。

3. 价值提升模式

“催化”是生物化学中的概念，泛指通过催化剂对反应物产生作用，使反应物对于外界刺激的反应速率大幅度提升，这种作用广泛存在于各种生物化学反应当中。“催化”作用对于系统主体的主要意义在于促进其对外部信息的反应速率，进而推动其及时做出反应，这在一定程度上能够弥补系统主体因信息不对称等原因对外界变化反应较慢造成的损失。价值网络系统中的催化活动是指系统内部创新要素的投入，及其对创新行为的“要素活度”，以及创新主体

---

① 魏国江．中国产业创新知识生成方式差异及路径转换研究[J]．科学学研究，2018，36（6）：1036－1047.

② Hwang V W，Horowitt G．硅谷生态圈[M]．诸葛越等译．北京：机械工业出版社，2015.

③ 直接反哺是指学习主体在学习活动中或者之后所累积的人力、物力、技术以及知识等资源直接反作用于被学习主体的过程；间接反哺是指习主体在学习活动中或者之后所累积的人力、物力、技术以及知识等资源通过第三方间接反哺被学习主体，促进被学习主体的发展。

④ 王龚，史永东．科技金融反哺银行业的异质性研究——来自区域性银行的经验证据[J]．科学学研究，2017，35（12）：1821－1831.

⑤ 刘明辉，卢飞．农业部门与工业部门：互哺还是反哺——基于空间杜宾模型[J]．经济与管理评论，2017，33（6）：153－160.

之间相互作用产生的"催化反应"，是影响价值网络系统演化的重要因素①。胡曙虹等（2016）指出，基于不同创新主体所拥有信息的能力的不同，其对外界信息变化反应也不尽相同，为提高创新活动的响应性和感应力，需要从系统整体进行"催化"作用②。此外，价值网络系统中各类创新主体间构成的正式或者非正式的价值网络也会对系统创新活动产生"催化"效应。价值网络系统内部各主体之间创新资源的互补、外溢和聚合作用，通过产权激励以及创新资源的优化配置，催化了创新活动或创新成果。Yao 和 Zhou（2016）指出，共生演化模式催化了创新主体的自然生长，影响了价值网络系统的动态平衡③。

"涌现"是系统科学中的一个重要概念，是指多个个体或者部分以某种方式组合为一个整体或者系统时，这个整体所具有的功能和特点是个体或者个体简单线性相加所无法具备的功能和特性。价值网络系统的"涌现"是一种量变到质变的表现，是基于某种复杂性原因而引起的某种结果的出现。产业创新主体间通过接受和反馈创新需求信息而产生创新成果的过程，是基于某种复杂性原因而引起的量变到质变的表现，是影响价值网络系统演化的重要路径④。刘雪芹和张贵（2016）指出，价值网络系统的"涌现"产生的真正原因在于系统主体之间以及系统主体和环境之间不断进行着非线性地接收和反馈作用，这种作用使系统中各个主体之间以及主体与环境之间的关联关系更加具有层次性，并使不同的产业表现为不同的"涌现"⑤。胡京波等（2014）以民航产业

① 张贵，张佳利．催化与涌现：产业创新模式的新探索[J]．科技进步与对策，2012，29（17）：56－60.

② 胡曙虹，黄丽，杜德斌．全球科技创新中心建构的实践——基于三螺旋和创新生态系统视角的分析：以硅谷为例[J]．上海经济研究，2016（3）：21－28.

③ Yao Y，Zhou H. The Dynamic Equilibrium and Simulation of Mobile Internet Platform Innovation Ecosystem：A Symbiotic Evolution Model [J]. Kybernetes，2016，45（9）：1406－1420.

④ 杨桂通．涌现的哲学——再学系统哲学第一规律：自组织涌现律[J]．系统科学学报，2016（1）：10－12.

⑤ 刘雪芹，张贵．创新生态系统：创新驱动的本质探源与范式转换[J]．科技进步与对策，2016，33（20）：1－6.

为研究对象，探讨航空复杂产品创新生态系统演化的特征、原因和核心企业创新的轨迹，认为客户组件供应商的动态关系涌现推动了航空复杂产品创新生态系统的演化①。桂黄宝（2017）以智能手机产业为研究对象，从演化基础（遗传与惯例）、演化路径（变异与选择）、演化方式（突变与渐变）和演化动力（内部与外部）四个方面对创新生态系统进行归纳与探索，认为IOS垂直整合生态链和Android交互式核心能力生态链的涌现推动了智能手机产业的演化②。

总体而言，本书认为，价值创造研究模式是指为了研究产业或企业中的价值流动和增值机制，结合研究对象的价值创造模式而选择的一种适当的研究视角。价值网络研究模式的发展体现了对价值创造机制探讨及思考逐渐全面、深入、复杂的思想。未来的价值创造研究模式将会在系统层面上有更多的挖掘，并可能更多地借鉴一些注重系统研究的学科如生态学、系统动力学等进行关联分析。

## 第三节 知识能量

“知识能量”是建立在对知识的生态学解构的基础上的，是对价值创造的隐喻；“知识能量流动”是建立在知识流动理论的基础上的，是对价值流动的隐喻。本节首先对知识的概念进行界定，旨在明确本书的研究对象；其次梳理了知识流动理论，旨在明晰相关概念间的异同；最后梳理了与知识能量流动相关的理论研究，旨在为本书的立论提供支撑。因此，本节分别对知识、知识流动、知识能量的概念进行界定。

---

① 胡京波，欧阳桃花，谭振亚，周宁，曾德麟．以SF民机转包生产商为核心企业的复杂产品创新生态系统演化研究[J] 管理学报，2014，11（8）．1116 1125.

② 桂黄宝．企业创新生态系统演化：IOS与Android案例回溯研究[J]．科技进步与对策，2017，34（16）：76－82.

## 一、知识

自古希腊时期以来，哲学史一直在探索“知识是什么”这类问题的答案。在汉语情境中，《辞源》和《汉语大辞典》对知识的哲学解释颇有裨益：“知识是人对事物的认识”；“知识是人类认识自然和社会的成果或结晶，包括经验知识、理论知识以及辨别事物的能力”。Plato是第一位从唯理主义观点建立缜密的知识思想体系结构的哲学家，他认为“理念”（idea）是一种从纯粹心智的角度观察到的“形式”（form），不可能通过感觉认知，只能通过纯粹推理来获得。尽管唯理主义和经验主义之间存在根本性的区别（知识的本质、知识的起源、知识的可靠性），但西方哲学家普遍接受Plato首次在“Meno”“Phaedo”和“Theaetetus”中提出的知识定义：“知识是经过验证的真实信念”。

Aristotle对他的导师Plato提出了反驳，认为理念不可能与实物隔离开来，也不能独立存在于感知过程，即“知识既不是先天固有的，也不是源自其他较高级的知识，而是由感觉认知发展起来的”。因此，Aristotle强调对个人的感觉认知进行观察及明确鉴别的重要性。Plato和Aristotle学派的观点被以法国哲学家Descartes为代表的欧陆唯理主义以及以英国哲学家Locke为代表的英国经验主义传承下来，并由德国哲学家Kant、Hegel、Marx进行了“先验唯心论”“绝对精神”“辩证唯物主义”等方面的综合尝试。虽然2000多年来西方哲学家对什么是知识这一问题争论不休，对知识的本质仍未形成统一认识，但知识是“基于能够提供理性判断的洞察力”这一观点却得到了普遍认可。这种洞察力是建立在对现实的本体论和认识论假设的基础上的。

在当代知识管理的文献中，知识的概念一般是建立在Ryle（1949）和Polany（1967）的逻辑行为主义的基础上的，以隐性知识（Tacit Knowledge）和显性知识（Explicit Knowledge）的二分法研究为主。知识管理之父Nonaka将知识定义为“一种被确认的信念，通过知识持有者和接收者的信念模式和约束来创造、组织和传递，在传递知识的同时也传递着一整套文化系统”，认为采取有效的方法将组织的隐性知识转化为显性知识是知识管理中的一个重要挑战①。此外，知识还具有明确的阶层递进关系，可被称为“可付诸行动的信息”，如图 2 -2 所示。对创造知识的企业而言，“数据”是从外部世界获得并通过经验感知的；“信息”是有含义、关联和目的的数据；“智慧”和“真理”比知识具有更高的品质，前者是特定环境中采取批判性和实践性行动的能力，后者则具有更大的不确定性②。其中，可付诸行动的信息有助于管理者做出更好的决策，通过在合适的地点、时间、方式提供信息，为交流和创造提供有效输入③。

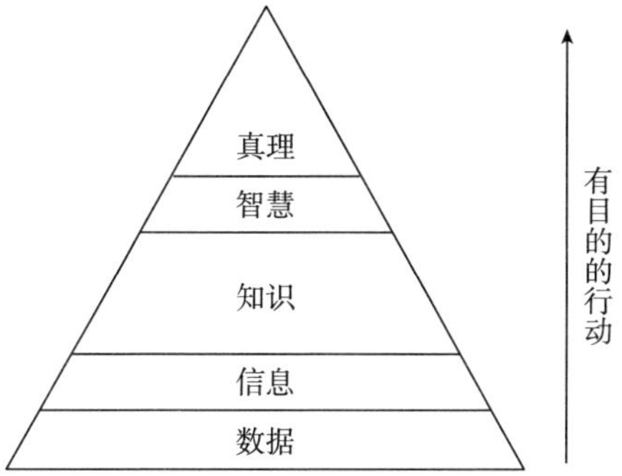


**图 2 -2　知识的阶层递进关系**

本书研究中的“知识”立足于知识管理视角，是逻辑行为主义者运用有效信息付诸创新行为的能力，包括显性知识和隐性知识。这种知识无法交易、难以量化，是企业创造价值最重要的资源④。

## 二、知识流动

本书研究中的“知识流动”立足于组织的知识创造螺旋视角，认为企业知识创新的动力来自显性知识和隐性知识之间的相互作用和转化；“知识流

---

① 野中郁次郎，竹内弘高．创造知识的企业：日美企业持续创新的动力［M］. 李萌译．北京：知识产权出版社，2006.

② Jashapara A. 知识管理——一种集成方法［M］. 安小米等译．北京：中国人民大学出版社，2013.

③ Tiwana A. The Knowledge Management Toolkit［M］. Prentice Hall，NJ：Upper Saddle River，2002.

④ Drucker P F. Post - Capitalist Society［M］. Oxford：Butterworth Heinemann，1993.

动”包括知识在企业内各知识主体之间的单向流动、相互流动，以及在企业内部与企业外部之间的单向流动、相互流动等情况，旨在“交流”及更广泛的含义①。Nonaka（1994）认为，组织的知识创造螺旋的过程如下：首先，“共同化”模式通常起始于一个场（Ba），是知识主体间分享彼此经历和心智的场所；其次，“表出化”模式由有意义的对话或集体反思出发，运用适当的比喻或类比帮助知识主体将难以沟通的隐性知识表述出来；再次，“联结化”模式是由新创造的知识与组织内其他部门的现有知识形成的网络所激发的，体现在新产品、服务和管理体系方面；最后，“内在化”模式由知识主体在“做中学”过程中被触发。在知识螺旋的过程中，隐性知识和显性知识之间的相互作用幅度随着存在论层级的攀升而加大，并随着知识层级（互动社群）的扩大而不断向前推进，如图 2 – 3 所示。

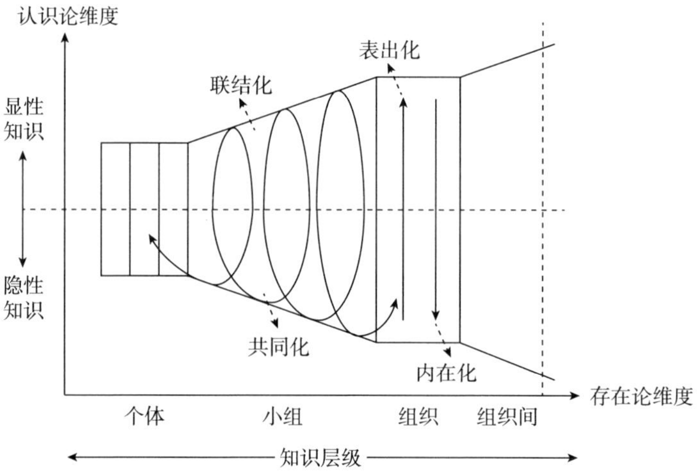


**图 2 – 3　组织的知识创造螺旋**

在现有文献中，“知识流动”的概念一般源于 Teece（1977）基于知识视角对跨国公司技术转移问题的探讨。可编码且能以系统方式表述的显性知识能

① 张庆普，李志超. 企业隐性知识流动与转化研究[J]. 中国软科学，2003（1）：88 – 92.

够以文字、数据、专利等方式在比较大的空间范围进行传播，以知识网络为载体；高度个体化且难以形式化的隐性知识则要以交流和互动在特定空间范围内进行传播，以人为载体。基于知识的稀缺性、资源性和非公共物品特性，非均匀分布的知识必须通过交流才能更有效地实现价值，这种有价值的、稀缺的、独特的和不可替代的动态能力（VRIN 属性）可以带来可持续性竞争优势[①]。Gupta（1991）对跨国公司知识流动的宏观和微观分析为该领域研究奠定了坚实基础[②]。知识流动是一个复杂的动态过程，这种动态能力是组织活动中形成的稳定模式，组织通过动态能力系统生成并修改其组织惯例，以提高效率[③]。沿着这一思想，大量学者提出了不同情境下的知识流动模型来改进组织的知识管理与应用，以 Sturm 等（2002）[④] 为代表的知识定量研究成为热点。显性知识的空间位置变化和隐性知识伴随载体的空间位置变化是典型的知识流动过程，这种流动不同于物质资源流动，其流向和流量在一定程度上受“知识势差”的影响[⑤⑥]，但组织的知识流动最终会达到跨越时间、空间的动态平衡，进而达到知识共享的最终目的。但是，“知识流动”尚不存在明确而统一的定义，这主要是由于已有研究对“知识溢出”“知识扩散”“知识转移”“知识共享”的概念界定不明晰。因此，本书以“知识流动”概念为基准，从行为意识和方向性两个方面类比并加以区分[⑦]，如表 2 - 3 所示。

---

① Eisenhardt K M, Martin J A. Dynamic Capabilities: What are They? [J]. Strategic Management Journal, 2000, 21 (10 - 11): 1105 - 1121.

② Anil K. Gupta, Vijay Govindarajan. Knowledge Flows and the Structure of Control within Multinational Corporations [J]. The Academy of Management Review, 1991, 16 (4): 768 - 792.

③ Zollo M, Winter S G. Deliberate Learning and the Evolution of Dynamic Capabilities [J]. Organization Science, 2002, 13 (3): 339 - 351.

④ Sturm H, Wolter F, Zakharyaschev M. Common Knowledge and Quantification [J]. Economic Theory, 2002, 19 (1): 157 - 186.

⑤ Caniëls M C J, Verspagen B. Barriers to Knowledge Spillovers and Regional Convergence in an Evolutionary Model [J]. Journal of Evolutionary Economics, 2001, 11 (3): 307 - 329.

⑥ 廖志江，高敏，廉立军. 基于知识势差的产业技术创新战略联盟知识流动研究[J]. 图书馆学研究，2013 (1): 78 - 83.

⑦ Ibrahim S, Fallah M H. Drivers of Innovation and Influence of Technological Clusters [J]. Engineering Management Journal, 2005, 17 (3): 33 - 41.

**表 2-3 知识流动相关概念的比较与界定**

| 理论基础 | 理论延伸 | 意识 | 方向 | 关联 |
|---|---|---|---|---|
| 知识流动<br>（Gupta，1991） | 跨国公司视角（Gupta，2015）①<br>组织学习视角（赵晨等，2014）②<br>复杂网络视角（方炜、王莉丽，2018）③<br>开放创新视角（Cassiman，2016）④<br>跨区域视角（Orazbayev，2017）⑤ | 主动 | 矢量<br>（高势位向<br>低势位流动） | — |
| 知识溢出<br>（Romer，1986）⑥ | 创业系统视角（Acs，2013）⑦<br>网络嵌入性视角（苑婧婷，2014）⑧<br>区域系统视角（杨贵彬、李婉红，2018）⑨<br>国家系统视角（Fukugawa，2016）⑩<br>外商直接投资视角（Wang，2016）⑪ | 主动/<br>被动 | 标量<br>（无方向） | 知识流动的<br>初级形式 |

① Gupta A K，Govindarajan V. Knowledge Flows within Multinational Corporations［J］. Strategic Management Journal，2015，21（4）：473-496.

② 赵晨，陈国权，高中华．领导个人学习对组织学习成效的影响：基于情境型双元平衡的视角［J］. 管理科学学报，2014，17（10）：38-49.

③ 方炜，王莉丽．协同创新网络演化模型及仿真研究——基于类 DNA 翻译过程［J］. 科学学研究，2018，36（7）：1294-1304.

④ Cassiman B，Valentini G. Open Innovation：Are Inbound and Outbound Knowledge Flows Really Complementary?［J］. Strategic Management Journal，2016，37（6）：1034-1046.

⑤ Orazbayev S. International Knowledge Flows and the Administrative Barriers to Mobility［J］. Research Policy，2017，46（9）：913-954.

⑥ Romer P M. Increasing Returns and Long-Run Growth［J］. Journal of Political Economy，1986，94（5）：1002-1037.

⑦ Acs Z，Audretsch D B，Braunerhjelm P，et al. The Knowledge Spillover Theory of Entrepreneurship［J］. Small Business Economics，2013，41（4）：757-774.

⑧ 苑婧婷．网络嵌入性对集群核心企业知识溢出的影响机制研究［D］．哈尔滨工程大学，2014.

⑨ 杨贵彬，李婉红．知识溢出、地理邻近与区域异质性的空间关系［J］. 系统工程学报，2018，33（2）：182-196.

⑩ Fukugawa N. Knowledge Spillover from University Research Before the National Innovation System Reform in Japan：Localisation，Mechanisms，and Intermediaries［J］. Asian Journal of Technology Innovation，2016（1）：1-23.

⑪ Wang C C，Wu A. Geographical FDI knowledge Spillover and Innovation of Indigenous Firms in China［J］. International Business Review，2016，25（4）：895-906.

续表

| 理论基础 | 理论延伸 | 意识 | 方向 | 关联 |
|---|---|---|---|---|
| 知识扩散（Rogers，1983）[①] | 网络结构视角（周文等，2015）[②]<br>生产网络视角（刘欣，2016）[③]<br>协作网络视角（周宏丽，2018）[④]<br>供应链网络视角（Todo，2016）[⑤]<br>人口迁移视角（Bahar，2018）[⑥] | 主动 | 矢量（中心向外围扩散） | 知识流动的高级形式 |
| 知识转移（Teece，1977） | 战略联盟视角（Mowery，2015）[⑦]<br>网络嵌入性视角（王建刚、吴洁，2016）[⑧]<br>社会网络视角（赵云辉等，2018）[⑨]<br>跨国公司视角（Ahammad，2016）[⑩]<br>产学研合作视角（Vries，2018）[⑪] | 主动 | 矢量（无确定方向） | 知识流动的结果 |

① Rogers E M. Diffusion of Innovations（3rd Edition）［M］. New York：Free Press，1983.

② 周文，陈伟，郎益夫. 集群创新网络知识动态增长研究：基于过程视角［J］. 系统工程学报，2015，30（4）：431－441.

③ 刘欣. 模块化生产网络下中国制造业升级研究［D］. 上海社会科学院，2016.

④ 周宏丽. 开源产品社区知识协作网络动态鲁棒性研究［D］. 北京科技大学，2018.

⑤ Todo Y，Matous P，Inoue H. The Strength of Long Ties and the Weakness of Strong Ties：Knowledge Diffusion Through Supply Chain Networks［J］. Research Policy，2016，45（9）：1890－1906.

⑥ Bahar D，Rapoport H. Migration，Knowledge Diffusion and the Comparative Advantage of Nations［J］. Economic Journal，2018，8（12）：1357－1368.

⑦ Mowery D C，Oxley J E，Silverman B S. Strategic Alliances and Interfirm Knowledge Transfer［J］. Strategic Management Journal，2015，17（S2）：77－91.

⑧ 王建刚，吴洁. 网络结构与企业竞争优势——基于知识转移能力的调节效应［J］. 科学学与科学技术管理，2016，37（5）：55－66.

⑨ 赵云辉，李亚慧，郭毅. 社会网络结构对跨国公司知识转移的影响研究——看门人角色的中介作用［J］. 中国软科学，2018（5）：147－159.

⑩ Ahammad M F，Tarba S Y，Liu Y，et al. Knowledge Transfer and Cross－border Acquisition Performance：The Impact of Cultural Distance and Employee Retention［J］. International Business Review，2016，25（1）：66－75.

⑪ Vries W D，Dolfsma W A，Windt H J V D，et al. Knowledge Transfer in University－Industry Research Partnerships：A Review［J］. Journal of Technology Transfer，2018（4）：1－20.

续表

| 理论基础 | 理论延伸 | 意识 | 方向 | 关联 |
|---|---|---|---|---|
| 知识共享（Gruber，1995）① | 伙伴选择视角（韩莹、陈国宏，2018）②<br>组织行为视角（胡玮玮等，2018）③<br>社会网络视角（刘译阳、姜珊，2019）④<br>消费者感知视角（Bilgihan，2016）⑤<br>企业管理视角（Dong，2017）⑥ | — | 标量（无方向） | 知识流动的目的 |

本书认为，知识流入方和知识流出方在知识流动的过程中均伴随知识溢出，包括主动溢出和被动溢出两种情境⑦，具有标量特征，没有方向，属于知识流动的初级形式，可视为类似物理学中因“流”生“溢”的必然现象；知识扩散是空间维度上影响地区比较优势演化的重要作用机制，是产业维度上邻近地区的“成功产业示范效应”，具有中心向外围扩散的矢量特征，属于知识流动的高级形式，可视为知识流截面的点状“场源”向外扩散的作用结果；知识转移更侧重于研究知识流动的“量变”到“质变”，具有矢量特征，没有确定方向，在一定程度上可以认为是两个以上的主体间知识流动的结果；知识共享是知识管理的核心，是知识流动的最终目的，是知识流动主体、客体和载

① Gruber T R. Toward Principles for the Design of Ontologies Used for Knowledge Sharing [J]. International Journal of Human - Computer Studies, 1995, 43 (5 - 6): 907 - 928.

② 韩莹，陈国宏. 基于隐形契约的集群企业知识共享伙伴选择研究[J]. 中国管理科学，2018，26（1）：179 - 185.

③ 胡玮玮，丁一志，罗佳等. 个性化契约、组织自尊与知识共享行为研究[J]. 科研管理，2018，39（4）：134 - 143.

④ 刘译阳，姜珊. 基于大数据下社会网络分析与知识共享管理研究[J]. 情报科学，2019，37（4）：109 - 115.

⑤ Bilgihan A, Barreda A, Okumus F, et al. Consumer Perception of Knowledge - sharing in Travel - Related OnlineSocial Networks [J]. Tourism Management, 2016 (52): 287 - 296.

⑥ Dong Y, Bartol K M, Zhang Z X, et al. Enhancing Employee Creativity Via Individual Skill Development and Team Knowledge Sharing: Influences of Dual focused Transformational Leadership [J]. Journal of Organizational Behavior, 2017, 38 (3): 12 - 41.

⑦ Verspagen B. Measuring Intersectoral Technology Spillovers: Estimates from the European and US Patent Office Databases [J] . Economic Systems Research, 1997, 9 (1): 47 - 65.

体的最高级形式，具有标量特征，没有方向，可视为物理学中从“耗散”到“均衡”的熵的变化。

## 三、知识能量

能量既是物质运动转换的量度，又是演化本体论中的核心变量。Pór（1997）从知识生态的角度最早提出知识能量是一种聚焦于创新的波动和关系①。可以认为，知识能量是思想的现实化与价值化，是系统演化过程中知识携带者的表征②。但是，基于研究视角和研究方法的不同，知识能量理论研究形成了两个重要分支：

第一，场空间视角下的多维知识能量，以数学建模为主要研究方法。中国科学院诸葛海教授团队（2006）最早通过构建知识能量理论研究体系开拓了知识网络研究的先河，定义其为一个节点的知识等级和一个人在某一单位领域的认知和创造能力，认为知识能量随时间和知识场的变化而变化，提出了衡量节点知识能量的四维正交空间，空间中任意一点代表节点在某一单位领域中某一时刻的知识能量③。西安理工大学蒋军锋教授团队（2007）进一步深化了知识的产品维度和制度维度，分别由给定知识的动能与势能来描述知识在知识时空中的显性与隐性，并利用物理场理论构造了显性知识与隐性知识之间的转化模型④。

第二，组织学习视角下的知识能量创造，以问卷调查为主要研究方法。浙江工业大学谢洪明教授团队（2007）将组织知识的蕴蓄和创造过程视为知识

① Pór G. Designing knowledge ecosystems for communities of practice ［EB/OL］. http：//www. co－i－l. com/coil/knowledge－garden/dkescop/index. shtml，1997－09－30.

② Herrmann P C. On the Ontological Foundations of Evolutionary Economics［M］. Evolutionary Economics：Program and Scope，Springer Netherlands，2001.

③ Zhuge H，Guo W，Li X. The Potential Energy of Knowledge Flow. ［J］. Concurrency and Computation：Practice and Experience，2006，19（15）：2067－2090.

④ 蒋军锋，党兴华，刘兰建．基于现代场理论的技术创新网络知识测度特征研究［J］. 中国软科学，2007（3）：22－29.

能量，最早将其作为中介变量纳入组织创新的研究体系①，通过对南地区企业的问卷调查，发现以学习为导向的组织必须通过知识能量的积累才能促进核心能力的提升②，并进一步探讨了知识能量作为技术创新的重要影响因素对组织学习的作用机理③。芮明杰和杜郁文（2010）则通过对我国台湾地区和大陆地区高科技企业问卷调查，验证了组织学习、资讯科技、组织结构、创新资源和知识策略与知识能量密切相关④。

总体来看，知识能量以其在组织创新中的重要性而日益受到经济学家和管理学家的关注，第一个研究分支在知识创新网络的相关研究中得到了极大的丰富，形成了以“知识势能”和“知识动能”二分法为主流的研究框架，两种能量特征在知识创新过程中的产生与转化是其主要研究的问题⑤；第二个研究分支在近年来的相关研究中鲜有涉及，这主要是由知识能量的内涵界定不清晰以及缺乏普适的评价体系造成的。

## 本章小结

（1）产业创新生态系统方面的研究缺少更具象性和具有科学性的理论基础。由综述发现，随着信息技术、产业结构和经济发展模式的快速发展，产业创新主体的边界变得模糊，产业创新客体变得多样化和复杂化，导致准确揭示

① 谢洪明，王成，吴业春．内部社会资本对知识能量与组织创新的影响——华南地区企业的实证研究[J]．管理学报，2007（1）：100－107.

② 韩子天，谢洪明，王成等．学习、知识能量、核心能力如何提升绩效——华南地区企业的实证研究[J]．科学学与科学技术管理，2008（5）：122－127.

③ 郑海涛，谢洪明，杨英楠，王成．技术创新的影响因素的“CCLEII”模型研究[J]．科研管理，2011，32（10）：1－9.

④ 芮明杰，杜郁文．知识能量、知识整合、创新绩效与核心竞争力关系的实证研究[J]．商业时代，2010（36）：72－75.

⑤ 朱美荣．制造企业核心能力跃迁的动力机制研究［D］．哈尔滨工程大学，2013.

创新活动机理的难度增加。因此，应从微观运行动力机制和还原性实证分析着手，将产业创新生态系统的理论和方法在不同类型的产业中开展应用和检验。

（2）价值创造方面的研究缺少对不同模式间因果关系的挖掘。由综述发现，“扩散与捕获”“学习与反哺”和“催化与涌现”等价值创造模式的发展体现了对价值创造机制逐渐全面和深入的思考，但相互间缺乏系统层面上的逻辑关系挖掘，难以体现价值创造过程的整体性。因此，应借鉴注重系统整体性研究的系统动力学进行关联分析，通过系统仿真建立更为复杂化和多样化的价值创造模型。

（3）知识能量方面的研究缺少对组织运作原理和机制应用的普适性。由综述发现，“隐喻”的研究方法为探索知识能量的内涵指明了方向，但有关知识能量的特征、维度和运行机理的研究相对较少，管理者难以制定以组织意图和战略愿景形式表达的检验标准。因此，应借鉴注重层级转化体系的生态能量学进行关联分析，在“隐喻”的基础上探索管理问题中的知识能量动态作用机理。

# 第三章

# 产业创新生态系统中的知识能量模型构建

本章在相关概念界定与文献综述的基础上，首先对知识进行生态学结构，揭示产业创新生态系统中的层级转化体系；其次对知识能量进行空间解构，揭示知识能量的三位空间结构；最后通过构建知识能量的累积、惯例和提升模型，为动态视角下的知识能量流动系统建模提供了研究基础。

## 第一节　知识能量的理论模型

### 一、知识的生态学解构

生态能量学和知识管理理论均包含着明确的层级结构。依托于食物网，自然生态系统中的要素可以划分为生产者、基位消费者、中位消费者和顶位消费者四个层级，太阳的辐射以光能的形式输入自然生态系统后，通过光合作用被植物生产者所固定，而后被异养植食性消费者摄入，再被异养肉食性消费者摄入，能量流动以食物网为载体，方向单一不可逆。

依托于创新行为，创新生态系统中的要素可以划分为数据、信息、知识和创新四个层级①，物质要素首先通过数字化构成推论或计算的基础，个体或组织进而通过社交媒体感知获取定量化或定性化的数据，该阶段数据仅能被“感知”，不能被“认知”②；其次在“告知”或“被告知”的行为基础上，通过对数据组织化和体系化形成信息，将数据赋予信息管理的含义、关联、目的和经验③；再次通过在合适的地点、时间和方式提供信息，将其行动化与逻辑化，形成依赖于个体理解力的知识④；最后基于创新生态系统的环境，运用对知识批判性和实践性行动的能力，将知识的品质提升到创新的高度，引致不确定性创新行为的发生。本书借鉴 Odum 兄弟（1956）通过电学中的线路图来描述生态系统能量流动状况的方法，对上述转化过程进行描述，如图 3－1 所示。

能量既是物质运动转换的量度，又是演化本体论中的核心变量。自然生态系统和创新生态系统均可视为能量系统，系统各组分的关系和结构功能通过能量得以体现。从图 3－1 中可以看出，随着层级的提升，空间分布由离散逐渐变为密集，控制领域和聚集能量的熵逐级增大，能量累积的过程存在只能向更高级的方向进行且不可逆转的惯例。此外，与自然生态系统一样，知识能量是蕴含能够聚焦于创新的波动和关系，由于生物量损失、同化作用损失和新陈代谢造成的能量损失，知识能量也会由于个体和组织创新行为的主观目的性，通过

① 知识管理领域对数据、信息、知识和智慧有着明确的划分。本书将创新理解为一种更高品质的知识。数据和信息之间没有建立相互联系，是分散和孤立的，需要通过个体或组织进行加工处理，形成回答“Why、What、Where、When”的有意义的联系，即知识。而创新则是个体与组织表现出的一种独有能力，是基于收集、加工、应用知识形成创新网络的能力，以及对事物发展规律的前瞻性看法。

② Kapoor K K，Tamilmani K，Rana N P，et al. Advances in Social Media Research：Past，Present and Future［J］. Information Systems Frontiers，2018，20（4）：1－28.

③ Grover Purva，Kar Arpan Kumar，Davies Gareth. “Technology Enabled Health”—Insights from Twitter Analytics with a Socio－technical Perspective［J］. International Journal of Information Management，2018（43）：85－97.

④ Tiwana A. The Knowledge Management Toolkit［M］. Prentice Hall，NJ：Upper Saddle River，2002.

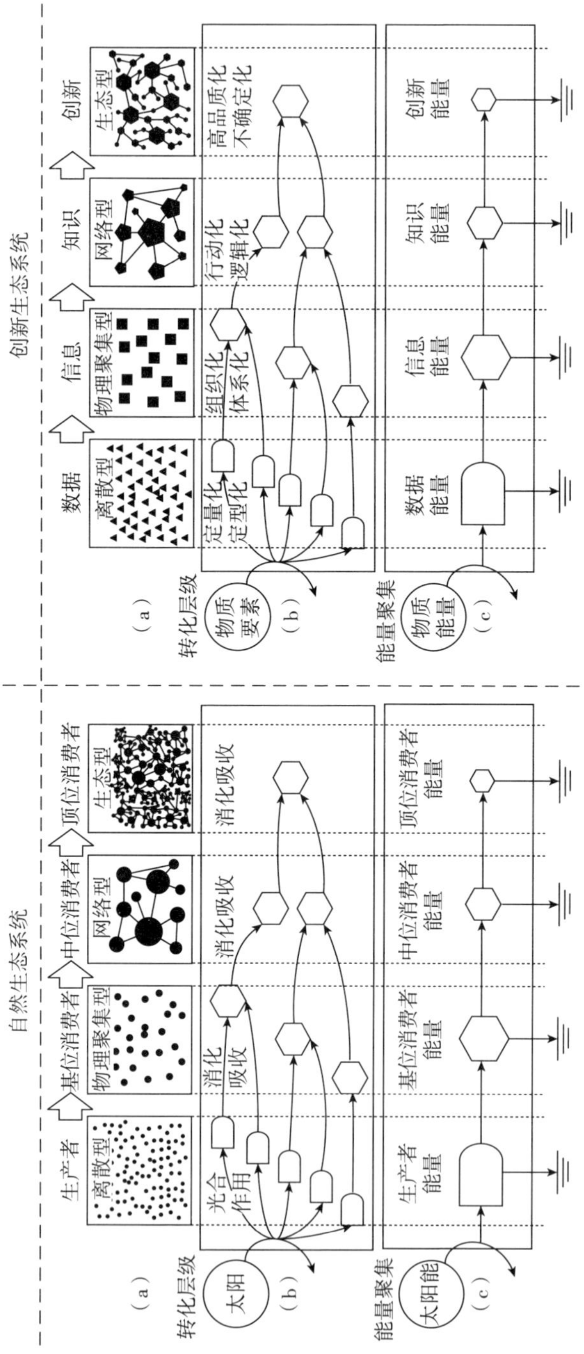


图3-1 知识的生态学解构

对异己的能量排斥造成一定的损失。因此，在能量累积的过程中，一部分能量的能质①逐级提升，从量多而能质低的数据能量向量少而能质高的知识能量提升。

## 二、知识能量的空间解构

产业创新生态系统中的知识能量研究需要从不同的行为主体来研究，既需要以处于知识创新过程核心的产业创新主体为出发点，又需要从整体产业创新网络的视角进行解析。在此过程中，不仅仅需要考虑知识能量空间的结构，还需要制定知识能量的研究框架，将生态能量学和创新生态系统理论有规律地结合起来，建立知识能量理论模型。

本书首先将知识创造的价值累积和价值惯例分别赋予“知识势能”和“知识动能”的含义，将“知识势能”定义为知识创造价值的累积，将“知识动能”定义为知识创造价值的惯例。需要指出的是，“知识势能”和“知识动能”概念并不是本书的独创。区别于基于知识的作用和功能将知识划分为基本原理和组织流程的观点（蒋军锋，2007），本书进一步将“知识势能”解释为产业创新主体通过捕获产业创新生态系统外部扩散的同质知识和异质知识而形成的价值累积②，用 $e^P$ 表示；将“知识动能”解释为产业创新主体通过知识学习和知识忘却而形成的价值惯例，用 $e^D$ 表示。此外，知识时效性对于管理者预测新旧技术生态发展态势具有重要影响，近年来有关创新生态系统的研究纷纷将“技术替代”作为影响价值创造的关键因素（Adner，2016b）。因此，考虑引入广义时间参数，将知识能量空间增加一个广义时间 $t$ 维度，将其变为定常系统，并命名为知识能量时空。进而在知识创造螺旋理论的基础上，将隐性知识内在化和显性知识表出化过程纳入知识能量的分析框架，进一步提

① 根据 Odum 兄弟的能值理论，能质（energy quality）被认为是不同来源、不同形式的能量具有不同的特性和等级水平的差异，具有不同的做功能力。

② Kapoor R，Lee J M. Coordinating and Competing in Ecosystems：How Organizational Forms Shape New Technology Investments [J]. Strategic Management Journal，2013，34（3）：274－296.

出“知识内能”概念，将其解释为创新主体在内在化知识创新的同时由于存在表出化知识老化而具有的进一步提升价值的潜力，用 $e^I$ 表示。因此，本书将知识能量界定为知识创造的价值，划分为知识能量累积、知识能量惯例和知识能量提升三个维度。

综上所述，产业创新主体的知识能量随时间和“知识势能”“知识动能”和“知识内能”三维能量空间的变化而变化，可以建立基于知识势能 $e^P$、知识内能 $e^I$、知识动能 $e^D$ 和时间 $t$ 的知识能量空间（Knowledge Space），知识能量节点（Knowledge Energy Node）可以表示为 $M$（$e_M^P$，$e_M^I$，$e_M^D$，$t$），如图 3－2 所示。

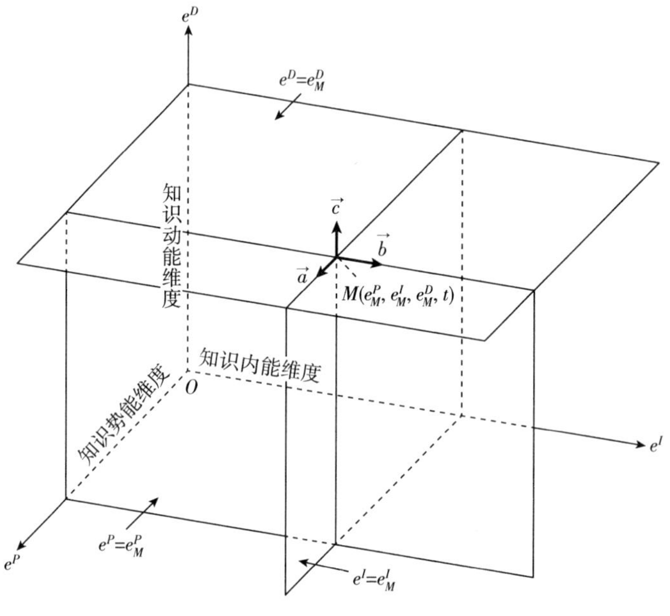


**图 3－2　知识能量的空间解构**

知识能量空间是源空间①，其中每一个知识能量节点都具有知识能量源的作用，通过评估知识能量节点包含的不同能量来估计单位空间内的知识能量。

① 多数物理学、化学定律不随坐标系变化，但在求解实际问题时，还需要将知识能量关系与已知问题的几何特征合适的坐标系来表达。例如，要计算空间中某点的电场，至少要说明场源位置以及点在坐标系中的位置。

节点的能量越高，价值累积、惯例和提升方面的潜力就越好。

## 第二节 知识能量的三维研究模型

价值的转移和交互离不开“流”的作用，产业创新生态系统作为复杂适应系统具备“流”的性质。在知识创造价值的基础上，“流”的作用主要体现在知识能量累积、知识能量惯例和知识能量提升三个方面。

### 一、知识能量累积模型

知识能量的累积是通过产业创新主体捕获产业创新生态系统外部的知识扩散实现的①，其过程的可持续性是由一定数量的产业创新主体捕获知识的能力决定的，被捕获的知识存在饱和点。因此，产业创新生态系统知识能量累积的过程满足 Logistic 增长曲线模型，即知识能量累积的微分方程为：

$$\frac{\mathrm{d}v}{\mathrm{d}t}=rv\left(1-\frac{v}{V}\right) \tag{3-1}$$

其中，$v$ 为产业创新生态系统的知识能量累积量，$r$ 为产业创新生态系统外部知识能量扩散的最大增长率，$V$ 为产业创新生态系统捕获知识能量的最大量。

假设系统外部同质知识为 $A$，其扩散对产业创新主体知识能量累积的影响系数为 $\alpha$，异质知识为 $B$，其扩散对产业创新主体知识能量累积的影响系数为 $\beta$，则产业创新生态系统的知识能量累积量 $v=v_A+v_B$；产业创新生态系统外部同质知识能量扩散的最大增长率为 $r_A$，异质知识能量扩散的最大增长率为 $r_A$；

① 张庆普，李沃源．创意产业集群创意扩散过程及扩散模式研究[J]．研究与发展管理，2014，26(1)：22-33.

产业创新生态系统捕获同质知识能量的最大量为 $V_A$，捕获异质知识能量的最大量为 $V_B$。则有：

$$\frac{\mathrm{d}v_A}{\mathrm{d}t}=r_A v_A\left(1-\frac{v_A}{V_A}+\alpha\frac{v_B}{V_B}\right) \tag{3-2}$$

$$\frac{\mathrm{d}v_B}{\mathrm{d}t}=r_B v_B\left(1-\frac{v_B}{V_B}+\beta\frac{v_A}{V_A}\right) \tag{3-3}$$

当且仅当 $\frac{\mathrm{d}v_A}{\mathrm{d}t}=\frac{\mathrm{d}v_B}{\mathrm{d}t}=0$ 时达到均衡，则联立式（3－2）和式（3－3）可得（$v_A$，$v_B$）的两个非零均衡解 $\left(\frac{V_A(1-\alpha)}{1-\alpha\beta}, \frac{V_B(1-\beta)}{1-\alpha\beta}\right)$。产业创新生态系统的价值累积需要满足 $v_A>0$ 和 $v_B>0$，解得（$\alpha>1$，$\beta>1$）或（$0<\alpha<1$，$0<\beta<1$），即系统外部同质知识和异质知识的扩散对产业创新生态系统的知识能量累积具有较为一致的影响。

假设 1：产业创新生态系统外的同质知识和异质知识创造的价值是相容的；产业创新生态系统中的产业创新主体是理性的，其捕获知识能量耗费的成本与产生的收益成正比（比值大小由产业创新主体的内生属性决定）。那么，知识能量累积模型可以视为存在一个系统外部的知识能量扩散方和 $k$（$k\geqslant 1$）个系统内部的知识能量捕获方，知识能量扩散方的策略包括扩散同质知识和异质知识，知识能量捕获方的策略包括捕获知识能量和拒绝捕获知识能量。其中，令产业创新生态系统外部扩散的知识为同质知识的概率为 $p$，扩散的知识为异质知识的概率为 $1-p$；产业创新主体捕获知识能量的概率为 $q$，不捕获知识能量的概率为 $1-q$。

假设 2：同质知识和异质知识创造价值的总收益固定为 $m$，产业创新主体对捕获的知识能量遵循平均分配收益的原则。产业创新主体捕获知识能量的成本为 $c_1$，不捕获知识能量的概率为 $c_2$。$c_1$ 和 $c_2$ 的大小与知识创造价值的总收益分配方式无关，不等式 $m>c_1>c_2>0$ 恒成立。

假设 3：开放的产业创新生态系统捕获系统外部知识的成本为 0，封闭的产业创新生态系统捕获系统外部知识的成本为 $c$，$0<c<\frac{m}{k}$。由于 $k$ 个知识能量捕获方的策略组合共有 $k+1$ 种，那么第 $i$ 个策略组合中有 $i$ 个产业创新主体选择捕获知识能量，其余 $k-i$ 个产业创新主体选择不捕获知识能量，则第 $i$ 个策略组合出现的概率为 $C_k^i q^i\ (1-q)^{k-i}$，$C_k^i=\frac{k!}{i!\ (k-i)!}$。

基于以上假设，得到产业创新生态系统知识能量累积的博弈矩阵，如表3-1所示。

**表3-1　知识能量累积的博弈矩阵**

| | | 知识能量捕获 | | |
|---|---|---|---|---|
| | | $k$ 个主体均选择捕获($q^k$) | $i$ 个主体选择捕获($C_k^i q^i(1-q)^{k-i}$) | $k$ 个主体均选择不捕获($(1-q)^k$) |
| 知识能量扩散 | 同质知识($p$) | $\frac{m}{k+1}$，$\frac{km}{k+1}-kc_1$ | $\frac{m}{i+1}$，$\frac{im}{i+1}-ic_1-(k-i)c_2$ | $m$，$-kc_2$ |
| | 异质知识($1-p$) | $m-c$，$-kc_1$ | $m-c$，$-ic_1-(k-i)c_2$ | $m-c$，$-kc_2$ |

由于博弈矩阵不存在纯策略纳什均衡，因此对矩阵求解混合策略纳什均衡。

扩散同质知识和异质知识的期望分别为：

$$E_{KH}=\sum_{i=0}^{k}\frac{m}{i+1}C_k^i q^i(1-q)^{k-i} \tag{3-4}$$

$$E_{KN}=m-c \tag{3-5}$$

由式（3-4）和式（3-5）可得系统外部知识能量扩散的期望为：

$$E_{diff}=pE_{KH}+(1-p)E_{KN}=pm\frac{1-(1-q)^{k+1}}{q(k+1)}+(1-p)(m-c) \tag{3-6}$$

产业创新主体选择捕获知识能量的期望为：

$$E_{act}=p\left[\frac{im}{i+1}-ic_1-(k-i)c_2\right]+(1-p)[-ic_1-(k-i)c_2] \tag{3-7}$$

由式（3－7）可得产业创新生态系统知识能量捕获的期望为：

$$E_{cap} = \sum_{i=0}^{k} E_{act} C_k^i q^i (1-q)^{k-i} = \sum_{i=0}^{k}\left[p\frac{im}{i+1} - ic_1 + ic_2 - kc_2\right] C_k^i q^i (1-q)^{k-i}$$

$$= pm - pm\sum_{i=0}^{k}\frac{1}{i+1}C_k^i q^i (1-q)^{k-i} - c_1\sum_{i=0}^{k} C_k^i q^i (1-q)^{k-i} + c_2(k-i)$$

$$\sum_{i=0}^{k} C_k^i q^i (1-q)^{k-i}$$

$$= pm\left[1 - \frac{1-(1-q)^{k+1}}{q(k+1)}\right] - qc_1 k - (1-q)c_2 k \tag{3-8}$$

由式（3－6）和式（3－8）可知，知识能量累积与选择捕获的产业创新主体数量 $i$ 无关，说明产业创新生态系统外部的知识扩散对产业创新生态系统产生整体影响。进而对式（3－6）和式（3－8）分别求偏导：

$$\frac{\partial E_{diff}}{\partial p} = m\left[\frac{1-(1-q)^{k+1}}{q(k+1)} - 1\right] + c \tag{3-9}$$

$$\frac{\partial E_{cap}}{\partial q} = pm\frac{1-(1-q)^k[qk+2q-1]}{q^2(k+1)} - k(c_1 - c_2) \tag{3-10}$$

由于令式(3－10)和式(3－11)偏导数等于0均无解析解,因此令$(1-q)^{k+1} \approx 1-(k+1)q+\frac{k(k+1)}{2}q^2$求近似解，得：

$$\frac{\partial E_{diff}}{\partial p} \approx \frac{\partial E_{diff}^*}{\partial p} = -\frac{km}{2}q + c \tag{3-11}$$

$$\frac{\partial E_{act}}{\partial q} \approx \frac{\partial E_{act}^*}{\partial q} = \frac{km}{2}p - k(c_1 - c_2) \tag{3-12}$$

令式（3－11）和式（3－12）偏导数等于0可得 $p^* = \frac{2(c_1-c_2)}{m}$，$q^* = \frac{2c}{km}$。因此，混合策略纳什均衡解为$\left(\frac{2(c_1-c_2)}{m}, 1-\frac{2(c_1-c_2)}{m}\right)$，$\left(\frac{2c}{km}, 1-\frac{2c}{km}\right)$。

可以看出，产业创新生态系统外部扩散的知识为同质知识的概率 $p^*$ 与产业创新主体选择不捕获知识能量的数量 $k$ 无关，但与 $c_1-c_2$ 成正比，与知识创造价值的总收益 $m$ 成反比，说明产业创新主体同质知识的累积是产业创新的客观发展规律，即便不主动捕获知识能量的产业创新主体也会受到产业创新生态系统知识能量累积的影响而捕获同质知识。但是，同质知识的过度累积会影响产业创新生态系统知识能量的总体增长。

产业创新主体捕获知识能量的概率 $q^*$ 与不捕获知识能量的产业创新主体数量 $k$ 负相关，与产业创新生态系统封闭的成本 $c$ 成正比，说明产业创新主体捕获知识能量的行为具有传递性，越开放的产业创新生态系统中产业创新主体捕获知识能量的概率越高。产业创新主体初始的知识能量累积程度不同，捕获知识能量的过程形成了产业创新主体的知识势能和产业创新生态系统中的知识能量势差。

## 二、知识能量惯例模型

组织惯例是组织学习的一个重要方面，是组织结构、流程和相互作用的直观体现。产业创新主体的发展是以知识能量惯例为基础的变异、选择和保留的过程，知识能量惯例构造了现有和未来的产业组织结构形态，其复杂性决定了产业创新组织结构的适应性价值①。产业创新主体可以通过学习和反哺知识能量成为产业创新生态系统“记忆”的一部分②，是产业创新生态系统竞争优势的重要组成部分。

形成组织惯例是产业创新主体组织学习的结果，是产业创新生态系统的结构、运行和发展之间的相互作用。产业创新主体间的相互作用实现了系统外部流入的知识能量的输出与反馈，对知识能量的学习反映的是产业创新主体实现知识创新的开发和应用过程，是对积累的知识能量在使用过程中形成的组织惯例。

改进组织惯例是产业创新主体忘却学习的结果，是产业创新生态系统面对

① 吴光飙．企业发展分析：一种以惯例为基础的演化论观点［D］．复旦大学博士学位论文，2003.

② Cohen D，Bacdayan P. Organization Routines as Stored Procedural Memory：Evidence From a Laboratory Study［J］. Organization science，2019，5（4）：54－68.

发展问题和机遇时触发的产业组织调整和重组策略。由于产业创新主体在创新绩效和期望之间存在差异，在组织惯例的影响下，产业创新组织不会采用全新的方法来解决所有问题。而当创新绩效和期望之间的偏差足够大时，主动通过忘却学习的方式创造价值的产业创新组织会将价值通过产业创新生态系统网络反哺至组织惯例的缔结者，进而舍弃和替换传统的产业创新模式，以确保产业创新生态系统的可持续发展。

假设 4：产业创新主体间的知识能量学习与反哺需要进行多次博弈，令 $r_1$ 为产业创新主体在进行知识能量学习过程中进行忘却学习的收益，其概率为 $1-\alpha$；$r_2$ 为产业创新主体在进行知识能量反哺过程中进行忘却学习的收益，其概率为 $1-\beta$；$r_3$ 为产业创新主体在进行知识能量学习过程中形成组织惯例的收益，其概率为 $\alpha$；$r_4$ 为产业创新主体在进行知识能量反哺过程中形成组织惯例的收益，其概率为 $\beta$。其中，$r_3>r_1$，$r_4>r_2$，形成组织惯例的价值收益大于进行知识忘却的价值收益。

假设 5：产业创新主体形成组织惯例是产业创新生态系统整体影响下的被动行为，进行忘却学习是产业创新生态系统整体影响下的主动行为。在稳定的产业创新生态系统中，知识能量学习方和反哺方进行忘却学习的成本均为 $c$，但主动选择忘却学习会增加其他产业创新主体维持组织惯例创造的价值。即在产业创新生态系统知识能量惯例不变的情况下，率先进行忘却学习的产业创新主体会失去部分市场份额，但形成新的知识能量惯例又能使其获益。因此，令 $e_1$ 为知识能量学习方不满足于现有产业创新生态系统的知识能量惯例而进行忘却学习的潜在价值收益，$l_2$ 为知识能量捕获方继续维持组织惯例的潜在价值损失；$e_2$ 为知识能量捕获方不满足于现有产业创新生态系统的知识能量惯例而进行忘却学习的潜在价值收益，$l_1$ 为知识能量学习方继续维持组织惯例的潜在价值损失。

基于以上假设，得到产业创新生态系统知识能量惯例的博弈矩阵，如表 3-2 所示。

表 3-2 知识能量惯例的博弈矩阵

| | | 知识能量反哺 | |
|---|---|---|---|
| | | 组织惯例（$\beta$） | 忘却学习（$1-\beta$） |
| 知识能量学习 | 组织惯例（$\alpha$） | $r_3$，$r_4$ | $r_3-l_1$，$r_2+e_2-c$ |
| | 忘却学习（$1-\alpha$） | $r_1+e_1-c$，$r_4-l_2$ | $r_1$，$r_2$ |

知识能量学习方的期望为：

$$E_{lea}=\alpha E_{rou}+(1-\alpha)E_{for}$$
$$=\alpha[\beta r_3+(1-\beta)(r_3-l_1)]+(1-\alpha)[\beta(r_1+e_1-c)+(1-\beta)r_1] \tag{3-13}$$

知识能量反哺方的期望为：

$$E_{fee}=\beta E_{rou}+(1-\beta)E_{for}$$
$$=\beta[\alpha r_4+(1-\alpha)(r_4-l_2)]+(1-c)[\alpha(r_2+e_2-P)+(1-\alpha)r_2] \tag{3-14}$$

令式（3-13）和式（3-14）的偏导数等于0：

$$\frac{\partial E_{lea}}{\partial\alpha}=\beta(e_1-c-l_1)+r_3-l_1-r_1=0 \tag{3-15}$$

$$\frac{\partial E_{fee}}{\partial\beta}=\alpha(e_2-c-l_2)+r_4-l_2-r_2=0 \tag{3-16}$$

解得 $\alpha^*=\frac{-r_3+l_1+r_1}{e_1-c}$，$\beta^*=\frac{-r_4+l_2+r_2}{e_2-c}$。但是，由于潜在的价值收益是时间函数，因此选择使用动态微分方程进一步求解。

令 $\alpha$ 和 $\beta$ 为关于时间的动态函数，则知识能量学习方和反哺方的动态微分方程为：

$$\frac{d\alpha}{dt}=\alpha(1-\alpha)[\beta(e_1-c-l_1)+r_3-l_1-r_1] \tag{3-17}$$

$$\frac{d\beta}{dt}=\beta(1-\beta)[\alpha(e_2-c-l_2)+r_4-l_2-r_2] \tag{3-18}$$

分别令 $L=l_1-e_1+P$，$M=r_3-l_1-r_1$，$N=l_2-e_2+P$，$Q=r_4-l_2-r_2$，则

式（3－17）和式（3－18）可简化为：

$$d\alpha/dt=\alpha(1-\alpha)(\beta L+M) \tag{3-19}$$

$$d\beta/dt=\beta(1-\beta)(\alpha N+Q) \tag{3-20}$$

令偏导数等于0，解得均衡点为（0，0）、（1，0）、（1，1）、（0，1）、（$-Q/N$，$-M/L$）。利用Jacobian矩阵的局部稳定性分析来解析演化博弈系统均衡点的稳定情况。Jacobian矩阵可通过对复制者动态微分方程求偏导数：

$$J=\begin{bmatrix}\frac{d\alpha/dt}{d\alpha} & \frac{d\alpha/dt}{d\beta}\\ \frac{d\beta/dt}{d\alpha} & \frac{d\beta/dt}{d\beta}\end{bmatrix} \tag{3-21}$$

$$\frac{d\alpha/dt}{d\alpha}=(1-2\alpha)(\beta L+M)=(1-2p)[q(l_1-e_1+c)+(r_3-r_1-l_1)] \tag{3-22}$$

$$\frac{d\alpha/dt}{d\beta}=\alpha(1-\alpha)L=\alpha(1-\alpha)(l_1-e_1+c) \tag{3-23}$$

$$\frac{d\beta/dt}{d\beta}=\beta(1-\beta)N=\beta(1-\beta)(l_2-e_2+c) \tag{3-24}$$

$$\frac{d\beta/dt}{d\beta}=(1-2\beta)(\alpha N+Q)=(1-2\beta)[\alpha(l_2-e_2+c)+(r_4-l_2-r_2)] \tag{3-25}$$

由于任何线性系统解的稳定性问题均可转化为对应线性系统的零解的稳定性问题，而对于$x=Ax$（$x\in R\wedge n$，$A$为$n\times n$常值矩阵），其零解是局部渐进稳定解的必要条件是$A$的一切特征值均有负实部。平衡点$x_i$的稳定性可根据$A=Df$（$x_i$）的特征值$\lambda_i$实部的符号判断：若矩阵$A$至少有一个特征根为负数，则平衡点$x_i$为渐进稳定点；若矩阵$A$至少有一个特征根为正数，则平衡点$x_i$为非稳定点；如果矩阵$A$的迹为0，则平衡点$x_i$为系统的鞍点。

在均衡点（0，0），其Jacobian矩阵为：

$$\begin{bmatrix}r_3-r_1-l_1 & 0\\ 0 & r_4-l_2-r_2\end{bmatrix} \tag{3-26}$$

在均衡点（1，0），其 Jacobian 矩阵为：

$$\begin{bmatrix} -r_3+r_1+l_1 & 0 \\ 0 & -e_2+c+r_4-r_2 \end{bmatrix} \tag{3-27}$$

在均衡点（1，1），其 Jacobian 矩阵为：

$$\begin{bmatrix} e_1-c-r_3+r_1 & 0 \\ 0 & e_2-c-r_4+r_2 \end{bmatrix} \tag{3-28}$$

在均衡点（0，1），其 Jacobian 矩阵为：

$$\begin{bmatrix} -e_1+c+r_3-r_1 & 0 \\ 0 & -r_4+l_2+r_2 \end{bmatrix} \tag{3-29}$$

在均衡点（$-Q/N$，$-M/L$），其 Jacobian 矩阵为：

$$\begin{bmatrix} 0 & -\frac{QL}{N}\left(1+\frac{Q}{N}\right) \\ -\frac{MN}{L}\left(1+\frac{M}{L}\right) & 0 \end{bmatrix} \tag{3-30}$$

由于形成组织惯例的价值收益大于进行忘却学习的价值收益，$r_3>r_1$ 和 $r_4>r_2$ 恒成立，则比较知识能量学习方和捕获方不满足于现有产业创新生态系统的知识能量惯例而进行忘却学习的潜在价值收益 $e$ 与进行忘却学习的成本均为 $c$ 之间的大小，可以得到产业创新生态系统知识能量惯例的策略矩阵，如表 3－3 所示。

**表 3－3　知识能量惯例的策略矩阵**

| | | 知识能量反哺 | |
|---|---|---|---|
| | | $e_2<c$ | $e_2>c$ |
| 知识能量学习 | $e_1<c$ | 忘却学习策略<br>收敛于均衡点（0，0） | 忘却学习策略<br>收敛于均衡点（0，0） |
| | $e_1>c$ | 忘却学习策略<br>收敛于均衡点（0，0） | 组织惯例策略/忘却学习策略<br>收敛于均衡点（0，0）或（1，1） |

当至少有一方进行忘却学习的价值收益小于其成本时，产业创新生态系统选择忘却学习策略是演化稳定策略。即在形成组织惯例的前提下，产业创新主体非盈利性的忘却学习行为是产业创新生态系统演化的动力，不断优化知识能量惯例。但是，当且仅当产业创新主体进行忘却学习的价值收益大于其成本时，产业创新生态系统或由于产业创新主体过度的忘却学习而导致选择组织惯例策略较为稳定，或由于产业创新主体良性的忘却学习使产业组织破坏性变革导致选择忘却学习策略。可以认为，组织惯例是产业创新生态系统形成知识能量惯例的基础，忘却学习是改变产业创新生态系统已有知识能量惯例的动力。

## 三、知识能量提升模型

知识能量的提升是通过产业创新的价值催化与价值涌现实现的。价值催化作用于价值累积和价值惯例的过程，通过知识的创新与老化调整产业创新生态系统的演化方向；价值涌现作用于价值网络生态，产生于产业创新主体之间的非线性和反馈作用机制之中，通过强化产业创新主体间的多层次交流，发现共同利益实现价值提升。

新旧知识的替代通过“催化剂”的作用为减少产业创新生态系统演化的不确定性提供了途径①。知识替代作为产业创新生态系统的“催化剂”，可以在不同的产业创新主体和要素间起到“中介”作用，促进产业创新生态系统累积知识能量和形成知识能量惯例。在产业创新主体的创新活动过程中，“催化剂”自动识别需要和选择的新知识，摒弃不需要和老化的旧知识。在“催化剂”的作用下，产业创新生态系统产生了预期中的知识能量提升，那么“催化剂”就起到了有价值的资源配置作用，这与价格机制在市场中起到的作用机理类似，使产业创新生态系统中的知识能量分配更加高效。

产业创新生态系统中的价值催化对于价值涌现具有促进或者阻碍作用，其

① Adner R. Ecosystem as Structure [J]. Journal of Management, 2017, 43 (1): 39 – 58.

中促进作用是指“催化剂”可以增加系统主体对于外界刺激的反应速率，而反应速率的增加又可以提升所有系统主体捕获外部知识的效率，以及知识能量“涌现”的概率；阻碍作用是指产业创新生态系统在“催化剂”的选择上出现了错误，这不仅不利于产业创新主体捕获外部知识速率的提高，还会加速知识老化，进而阻碍知识创新的“涌现”。产业创新生态系统伴随旧技术的改进与新技术的发展之间的替代，这种替代的速度是由新的技术生态系统克服其出现挑战的速度相对于旧的技术生态系统延伸其开发机遇的速度决定的[①]。以上过程对于披露产业创新生态系统的演化方向具有重要意义，产业创新生态系统对“催化剂”的选择不能仅考虑催化作用，还要考虑其带来的涌现效果。

假设6：令产业创新生态系统的催化机制为 $A + B \overset{(1)}{\Leftrightarrow} AB \overset{(2)}{\Rightarrow} A + C$，其中，$A$ 表示催化剂，$B$ 表示知识能量，$C$ 表示能质更高的知识能量，(1) 和 (2) 分别表示 $AB$ 和 $C$ 形成的时间。$B$ 作为反应物在 $A$ 的催化作用下形成内涵知识能量的产业创新主体复合 $AB$，在 $AB$ 形成的同时必然会释放出一部分知识能量，使得 $B$ 的反应速率增快，之后进一步产生了新的产物 $C$，即实现了知识能量能质的提升。

假设7：令 $z_i(t)$ 表示在 $t$ 时刻产业创新主体 $i$ 对于选择某种“催化剂”进行催化作用的主观倾向程度，$z_i(t) \in [0,\ 1]$。由于产业创新生态系统中各个产业创新主体对于“催化剂”的反应对其他主体关于“催化剂”的反应具有影响作用，则令创新生态系统中产业创新主体 $j$ 在 $t$ 时刻对“催化剂”的反应较产业创新主体 $i$ 对“催化剂”的反应影响程度为 $f_j^i(t) = \frac{m_j}{\sum_{(i,j)} m_i} z_j(t)$。其中，$\sum_{(i,j)} m_i$ 表示与产业创新主体 $i$ 新旧知识替代程度（知识结构）相似的所有的“催化剂”，$m_j$ 表示产业创新主体 $j$ 所选择的新旧知识替代程度相似的“催化剂”。

假设8：为了更好地表示产业创新主体 i 对于所有“催化剂”的主观选择

① Adner R, Kapoor R. Right Teck, Wrong Time [J]. Harvard Business Review, 2016b, 94 (11): 60-67.

平均倾向程度，令 $r_i = \frac{m_i}{\sum m}$ 表示所选择的“催化剂”与自身新旧知识替代程度的相似程度，$\sum m$ 则表示系统中所有“催化剂”的知识能量结构，则：

$$\bar{z}_i(t) = \frac{\sum_{(i,j)} m_j z_j(t)}{\sum_{(i,j)} m_i} \tag{3-31}$$

假设9：产业创新主体 $i$ 除了可以选择新旧知识替代程度相似的“催化剂”之外，也可以选择新旧知识替代程度差异较大的“催化剂”，则令产业创新主体 $i$ 选择新旧知识替代程度差异化最大的“催化剂”的主观倾向水平为 $\lambda$，基于新旧知识替代程度差异选择“催化剂”的主观倾向水平为 $\delta$。

当 $|\bar{z}_i(t) - z_i(t)| \leqslant \delta$ 时，

$$z_i(t+1) = \begin{cases} z_i(t) + \frac{z_i(t)}{m_i}\sum_{(i,j)} f_i^j(t) + \lambda \frac{m_i}{\sum_j m_j} z_i(t) & |\lambda - z_i(t)| \leqslant \delta \\ z_i(t) + \frac{z_i(t)}{m_i}\sum_{(i,j)} f_i^j(t) - \lambda \frac{m_i}{\sum_j m_j} z_i(t) & |\lambda - z_i(t)| > \delta \end{cases} \tag{3-32}$$

当 $|\bar{z}_i(t) - z_i(t)| > \delta$ 时，

$$z_i(t+1) = \begin{cases} z_i(t) - \frac{z_i(t)}{m_i}\sum_{(i,j)} f_i^j(t) + \lambda \frac{m_i}{\sum_j m_j} z_i(t) & |\lambda - z_i(t)| \leqslant \delta \\ z_i(t) - \frac{z_i(t)}{m_i}\sum_{(i,j)} f_i^j(t) - \lambda \frac{m_i}{\sum_j m_j} z_i(t) & |\lambda - z_i(t)| > \delta \end{cases} \tag{3-33}$$

即产业创新主体 $i$ 对于“催化剂”的主观倾向水平与产业创新生态系统中所有“催化剂”的平均倾向水平的差值不超过 $\delta$ 时，产业创新主体伴随知识能量的涌现进一步选择某种“催化剂”进行催化作用的主观倾向程度在新旧知识替代程度较高的情境下降低，而在新旧知识替代程度较低的情境下升高。反之，当产业创新主体 $i$ 对于“催化剂”的主观倾向水平与产业创新生态系统中所有“催化剂”的平均倾向水平的差值超过 $\delta$ 时，产业创新主体伴随知识能量的涌现进一步选择某种“催化剂”进行催化作用的主观倾向程度在新旧知识替代程度较高的情境下降低，而在新旧知识替代程度较低的情境下升高，如表3－4所示。

**表3－4　知识能量提升的策略矩阵**

| | | 知识能量涌现 | |
|---|---|---|---|
| | | 知识创新 | 知识老化 |
| 知识能量催化 | 知识创新 | 涌现导向策略<br>$z_i(t+1)>\delta$ | 催化导向策略<br>$z_i(t+1)\leqslant\delta$ |
| | 知识老化 | 催化导向策略<br>$z_i(t+1)\leqslant\delta$ | 涌现导向策略<br>$z_i(t+1)>\delta$ |

可以认为，新旧知识替代对产业创新生态系统中的知识能量提升起到“催化剂”的作用，影响知识能量的催化与涌现。知识创新和知识老化作为知识替代的表征，对知识能量的提升方面均具有稳定性，即产业创新主体很容易产生对知识创新或知识老化的依赖，影响不同情境下的知识能量提升策略。因此，为了考虑新旧知识替代的交互作用，以及评价知识能量提升在颠覆性产业中的颠覆性变革程度，本书在 Adner 和 Kapoor（2016b）① 的基础上划分了知识能量提升的创造破坏、稳健共存、弹性错觉、稳健弹性四种情境，如图3－3所示。

如象限1所示，当新知识催化的挑战较低、旧知识涌现的机遇较低时，新知识可以被预期在短时间内占据市场。在创造破坏情境下，产业创新主体知识能量提升的意愿很高，创新的竞争是创造性破坏的。知识创新提升知识能量的能力不会受到产业创新生态系统其他组分瓶颈的阻碍，而旧知识被限制了应对威胁的潜力。这个象限与创造性破坏的概念是一致的，即一个创新的崛起可以迅速导致老牌竞争对手的消亡。虽然旧知识可以继续长期服务于适当的领域，

① Adner R，Kapoor R. Right Teck，Wrong Time［J］. Harvard Business Review，2016b，94（11）：60－67.

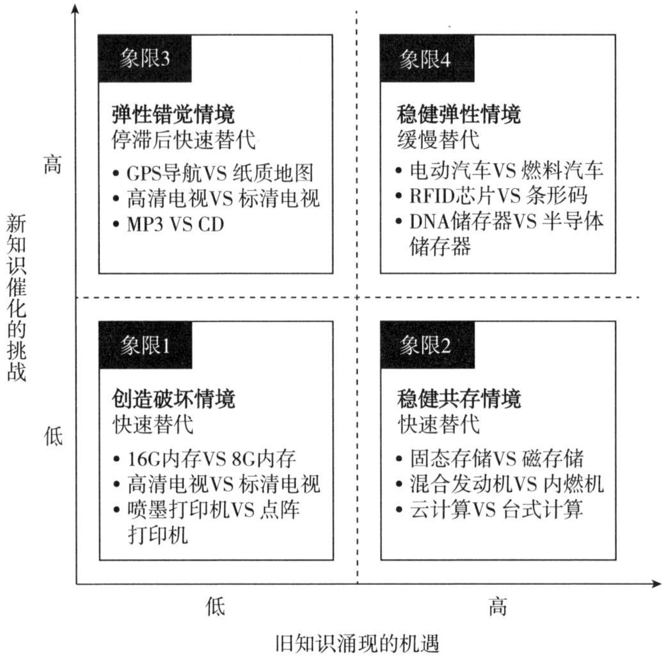


**图 3-3 知识能量提升情境**

资料来源：Adner R，Kapoor R. Right Teck，Wrong Time [J]. Harvard Business Review，2016b，94 (11)：60-67.

但是大部分市场将相对较快地放弃以支持知识创新。因此，随着旧知识停滞不前和新知识不受阻碍，产业创新主体应积极投资于知识创新，以抵御创造性毁灭的趋势。

如象限 2 所示，竞争将是稳健的。新知识催化后，旧知识通过改进能够涌现大量市场份额。尽管旧知识涌现不可能逆转新技术的催化，但能够实质性地推迟新知识占领主导地位。在稳健共存情境下，知识能量涌现方研发新技术的意愿很低，推广来自知识能量催化方旧知识的倾向很高，创新的竞争是稳定的。从消费者的角度来看，稳健共存情境对消费者是最有益的，知识替代的共生演进能够为消费者提供更多的选择。因此，产业创新主体可以继续使用旧知识，并积极投资于旧知识生态系统的改善，因为新旧知识将共存很长一段时间。

如象限 3 所示，当新知识催化的挑战较高、旧知识涌现的机会较低时，在新知识催化的挑战得到解决之前，新旧知识替代并不明显，但之后将是迅速的。在弹性错觉情境下，知识能量催化方研发新知识的意愿很高，推广来自知识能量涌现方旧知识的倾向也很高。此外，该情境的行业分析很可能会显示旧知识保持了很高的市场份额，但增长已经停滞。这主要是由于一旦新知识实现了其价值提升的潜力，市场份额就会迅速被占据。旧知识的主导地位是脆弱的，不是由旧知识的持续进步来维持的，而是由竞争对手开发新知识的挫折来维持的。因此，新知识应该配置知识资源，以解决其生态系统挑战和开发互补要素问题，并抵制过度优先考虑知识本身的进一步发展。

如象限 4 所示，当新知识催化的挑战较高、旧知识涌现的机会也较高时，新旧知识替代速度将会非常缓慢。可以预期，在较长的时间内，旧知识将保持一个繁荣的领导地位。以条形码和 RFID 芯片为例，RFID 芯片有希望存储比条形码丰富得多的数据，但由于合适的 IT 基础设施部署缓慢和不统一的加密，这些数据的采用已经滞后行业标准。与此同时，IT 基础设施的改进扩展了条形码数据的可用性，在过去 20 年中阻止 RFID 革命。如果 RFID 芯片能够克服其挑战，并使条形码的生态系统扩展机会枯竭，稳健弹性情境将向象限 2 或象限 3 转移，替代的速度将加快。但这显然对几十年前 RFID 知识的投资者是很小的安慰，等待新知识生态系统其他部分赶超的机会成本远比投资旧知识改进小得多。因此，产业创新主体应积极投资于知识创新（多表现为产品升级），并积极提高知识壁垒，增加对投资回报的耐心。

## 本章小结

知识具有生态能量学特征，知识势能、知识动能和知识内能共同决定知识能量结构。在现实的创新生态系统中，企业更多关注的是知识在创新网络中起到的作用，而这种作用在创新生态系统网络全局中还可以进行比较，因而特定结构的知识可以理解为一种标量，知识从这个意义上来说具有本书提出的生态能量学结构特征。在此基础上，产业创新主体共同捕获产业创新生态系统外部知识扩散的过程构成了知识能量累积系统；产业创新生态系统中的产业创新主体间价值学习与价值反哺的过程构成了知识能量惯例系统；产业创新生态系统催化产业创新主体价值涌现的过程构成了知识能量提升系统。

# 第四章

# 基于系统动力学的知识能量流动机理分析

本章首先分析了知识能量流动的情境和机理，其次采用系统动力学模型研究了不同情境下知识能量流动的特征与规律，为后续章节的展开奠定了基础。

## 第一节　知识能量流动的特征与机理

知识能量流动是产业创新生态系统各组成部分发生联系的纽带。知识创造的价值是知识主客体对知识流动产生利益的期望，价值流动是指对这种期望满足的一系列价值实现活动①。本书关于知识能量流动的思考，是建立在场空间视角下知识能量理论的基础上的，围绕动态能力提出的学理探讨：首先，知识的有序性是由创新主体在创新网络中的结构特征决定的②。企业知识空间之间

① 孙振领，李后卿．关于知识生态系统的理论研究[J]．图书与情报，2008（5）：22－27.

② 刘爱文，蒋军锋，王修来．技术创新网络中的知识—信息—知识作用过程研究[J]．科学学研究，2008，26（5）：1067－1072.

通过能量交换改变自身结构，以实现经验现实中的知识转移与知识扩散①。显然，第三章界定的知识能量空间是开展本章研究的前提。其次，模块化的网络组织是在价值模块化的基础上形成的一种新型价值创造的组织形式，其内部价值流动的过程应当包括价值的创造、转移、实现和分配四个阶段②。显然，知识能量模块化的创新生态网络具有上述属性。最后，知识管理领域的动态能力是"学习惯例的惯例"，当前知识经济背景下的动态能力是"创造能力的能力"，可以帮助企业在应对或利用转变的过程中摆脱路径依赖和结构惯性③。显然，知识能量流动能够创造能力。

## 一、知识能量流动的特征分析

知识能量流动受到创新主体知识能量结构的制约，最后又反馈到知识能量结构中，呈现出以下特性：①剧变性。创造性破坏的新知识更新会促使旧知识创造的价值急剧下降，即知识能量流动受新旧知识的替代速度影响。②不确定性。知识创造的价值最终确定者是选择知识的用户，用户在创新工作中可能不会产生期望的价值，即知识能量流动受知识能量流入方的价值吸收能力的影响。③网络特性。价值创造体系是由知识资源生产者、知识服务提供者、知识创新活动者共同组成的复杂网络，强调成员知识资源等相关能力的优化整合，即知识能量流动的过程由各组成部分联合实现。④内隐性。价值流动是在整个创新系统运行过程中运行的，需要由专业人员进行挖掘、分析并最终确定，即知识能量流动需要主观挖掘与客观评价。

---

① 蒋军锋，党兴华. 基于张量分析的知识度规与信息流关系模型[J]. 管理科学学报，2008，11(2)：27-34.

② 余东华，芮明杰. 基于模块化网络组织的价值流动与创新[J]. 中国工业经济，2008（12）：48-59.

③ 罗仲伟，任国良，焦豪等. 动态能力、技术范式转变与创新战略——基于腾讯微信"整合"与"迭代"微创新的纵向案例分析[J]. 管理世界，2014（8）：152-168.

## 二、知识能量流动的机理分析

在创新生态系统情境的调节作用下，知识能量流出方和知识能量流入方具有不同的知识能量流出和流入组合决策，决定了知识能量的流动势差、流动能力和流动意愿，并在随时间变化的吸收能力的作用下共同影响知识能量流量，概念模型如图 4－1 所示。

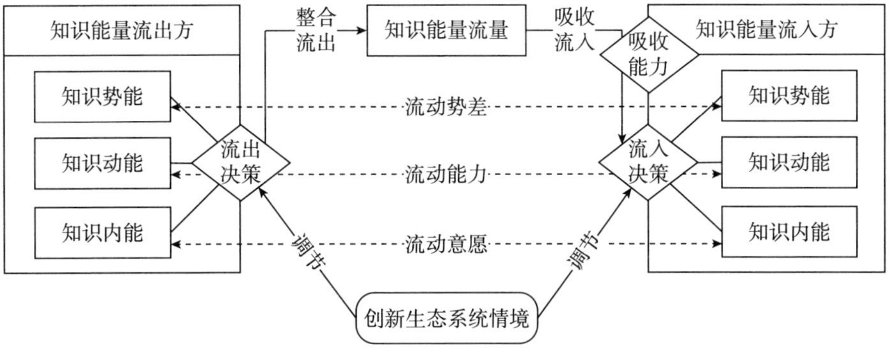


**图 4－1　知识能量流动的概念模型**

# 第二节　知识能量流动的系统动力学模型

知识能量流动具备远离平衡、有序的耗散结构，系统边界较为清晰，系统内存在知识能量流，且具有规律和可预期的动态性。鉴于此，本书顺应系统动力学在知识管理领域研究的发展趋势①，采用 Vensim 软件对知识能量流动进行系统动力学建模与仿真。

① Zolfagharian M, Akbari R, Fartookzadeh H. Theory of Knowledge in System Dynamics Models [J]. Foundations of Science, 2014, 19 (2): 189－207.

## 一、因果关系模型与反馈回路

本书将旧知识改进率和新知识发展率作为影响创新生态系统知识能量流动情境的关键变量。依据前文对知识能量流动机理的探讨，知识能量流量受到流动势差、流动能力、流动意愿和流入方知识能量吸收能力的影响：流动势差是蓄积价值潜力差异的表征；流动能力是提升价值潜力差异的表征；流动意愿是创造价值潜力差异的表征；吸收能力是知识能量流入方的价值整合和利用能力。此外，M 流出知识能量结构和 N 流入知识能量结构受流出决策和流入决策的影响；知识势能受同质知识累积度和异质知识差异度的影响；知识动能受知识被动惯例度和知识主动忘却度的影响；知识内能受内化知识创新度和外化知识老化度的影响。由此，本书构建了一个包含若干变量的知识能量流动模型，从而就创新生态系统情境对知识能量流动的影响进行系统动力学分析。因果关系模型如图 4－2 所示，涉及的反馈回路如表 4－1 所示。

表 4－1　反馈回路

| 正反馈回路 | | 负反馈回路 | |
|---|---|---|---|
| 回路 1 | M 知识势能↑→M 同质知识累积量↑→M 知识势能↑ | 回路 8 | M 知识势能↑→M 异质知识差异量↑→M 知识势能↓ |
| 回路 2 | M 知识动能↑→M 被动组织惯例量↑→M 知识动能↑ | 回路 9 | M 知识动能↑→M 主动知识忘却量↑→M 知识动能↓ |
| 回路 3 | M 知识内能↑→M 内化知识创新量↑→M 知识内能↑ | 回路 10 | M 知识内能↑→M 外化知识老化量↑→M 知识内能↓ |
| 回路 4 | N 知识势能↑→N 同质知识累积量↑→N 知识势能↑ | 回路 11 | N 知识势能↑→N 异质知识差异量↑→N 知识势能↓ |
| 回路 5 | N 知识动能↑→N 被动组织惯例量↑→N 知识势能↑ | 回路 12 | N 知识动能↑→N 主动知识忘却量↑→N 知识势能↓ |
| 回路 6 | N 知识内能↑→N 内化知识创新量↑→N 知识内能↑ | 回路 13 | N 知识内能↑→N 外化知识老化量↑→N 知识内能↓ |
| 回路 7 | N 流入知识能量↑→N 知识内能↑→流动意愿↑→知识能量流量↑→N 流入知识能量↑ | 回路 14 | N 流入知识能量↑→N 知识势能↑→流动势差↓→知识能量流量↓→N 流入知识能量↓ |
| | | 回路 15 | N 流入知识能量↑→N 知识动能↑→流动能力↓→知识能量流量↓→N 流入知识能量↓ |

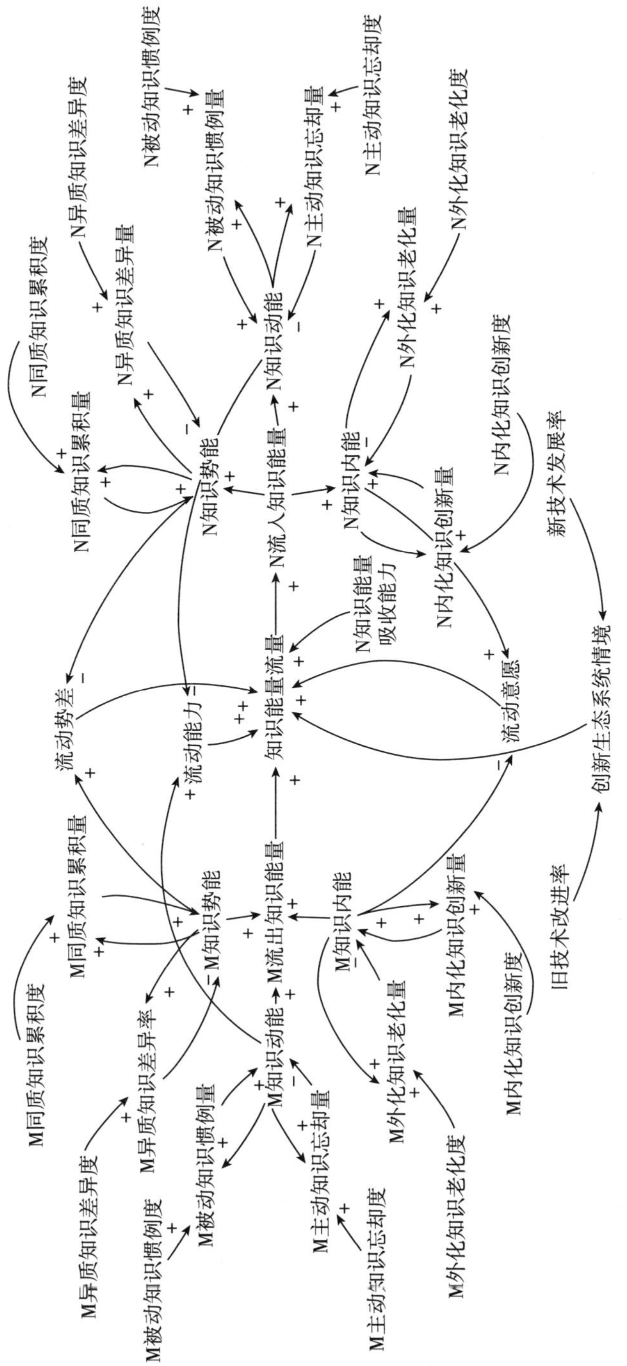
N被动知识惯例度
N异质知识差异度
N主动知识忘却度
N外化知识老化度
N被动知识惯例量
N主动知识忘却量
N同质知识累积度
N异质知识差异量
N知识动能
N外化知识老化量
N同质知识累积量
N知识势能
N流入知识能量
N知识内能
N内化知识创新度
新技术发展率
N内化知识创新量
N知识能量吸收能力
知识能量流量
流动势差
流动能力
流动意愿
创新生态系统情境
M同质知识累积量
M知识势能
M流出知识能量
M知识内能
M内化知识创新量
旧技术改进率
M同质知识累积度
M异质知识差异率
M知识动能
M外化知识老化量
M内化知识创新度
M被动知识惯例量
M主动知识忘却量
M异质知识差异度
M被动知识惯例度
M主动知识忘却度
M外化知识老化度

**图4-2　因果关系模型**

## 二、模型假设与系统流图

模型的基本假设包括：①知识能量流动是双向的，根据知识能量流量数值的正负确定知识能量的最终流动方向。②M 和 N 间存在能量流动势差，作为知识能量转移方的 M 初始知识势能高于 N。③M 和 N 具有不同的能量流动能力（M 有流出知识能量的能力，N 有流入知识能量的能力），当满足流动能力的阈值条件时，知识动能会伴随知识能量流动发生改变。④M 和 N 具有不同的能量流动意愿（M 有流出知识能量的意愿，N 有流入知识能量的意愿），当满足流动意愿的阈值条件时，知识内能会伴随知识能量流动发生改变。⑤除了调整数值进行灵敏度分析外，创新生态系统知识能量流动情境在单一仿真期间保持不变。

根据图 4－2 的因果关系模型建立系统流图，如图 4－3 所示。包括 8 个状态变量，19 个流率变量和 5 个辅助变量和 21 个常量，如表 4－2 所示。

**表 4－2　系统变量**

| 变量类型 | 变量名称 |
| --- | --- |
| 状态变量 | M 知识势能、M 知识动能、M 知识内能、M 流出知识能量、N 知识势能、N 知识动能、N 知识内能、N 流入知识能量 |
| 流率变量 | M 同质知识累积量、M 被动组织惯例量、M 内化知识创新量、M 异质知识差异量、M 主动知识忘却量、M 外化知识老化量、M 流出势能、M 流出动能、M 流出内能、N 同质知识累积量、N 被动组织惯例量、N 内化知识创新量、N 异质知识差异量、N 主动知识忘却量、N 外化知识老化量、N 流出势能、N 流出动能、N 流出内能、知识能量流量 |
| 辅助变量 | 流动势差、流动能力、流动意愿、N 知识能量吸收能力、创新生态系统情境 |
| 常量 | M 同质知识累积度、M 被动组织惯例度、M 内化知识创新度、M 异质知识差异度、M 主动知识忘却度、M 外化知识老化度、M 势能流出比、M 动能流出比、M 内能流出比、N 同质知识累积度、N 被动组织惯例度、N 内化知识创新度、N 异质知识差异度、N 主动知识忘却度、N 外化知识老化度、N 势能转换比、N 动能转换比、N 内能转化比、旧知识改进率、新知识发展率 |

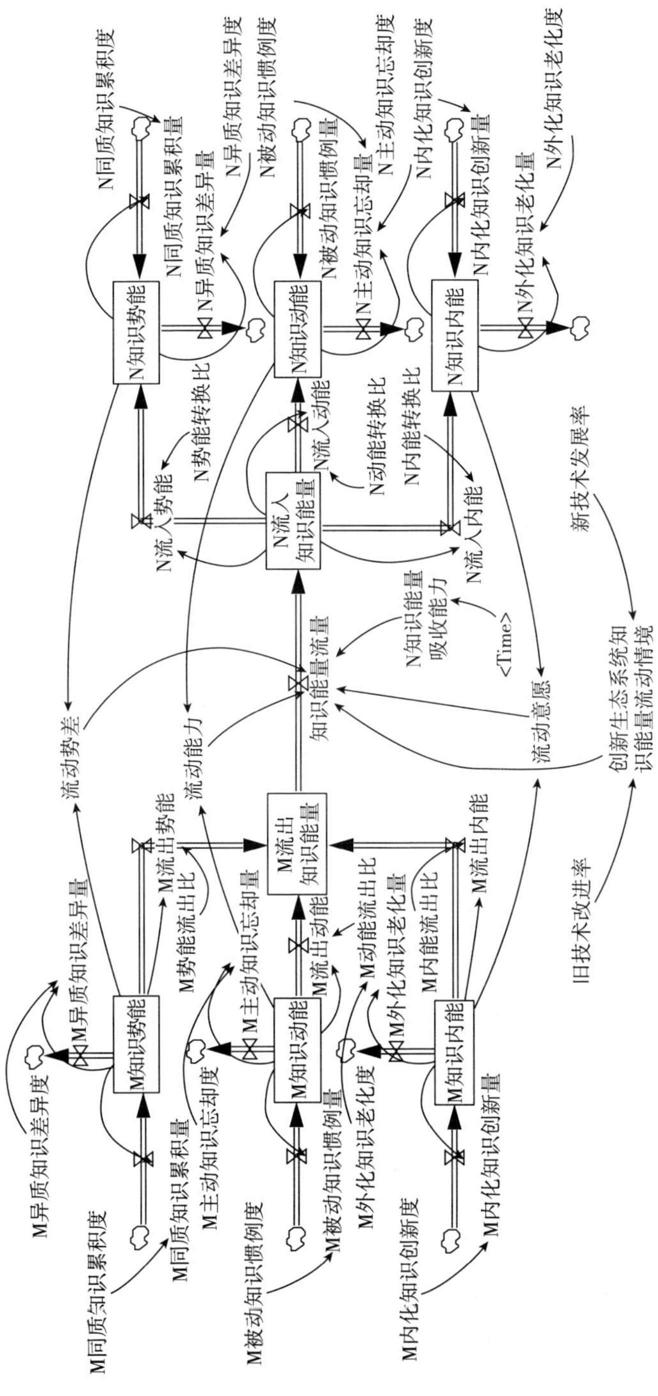
N同质知识累积度
N同质知识累积量
N异质知识差异度
N异质知识差异量
N被动知识惯例度
N被动知识惯例量
N主动知识忘却度
N主动知识忘却量
N内化知识创新度
N内化知识创新量
N外化知识老化度
N外化知识老化量
N知识势能
N知识动能
N知识内能
N势能转换比
N流入势能
N流入动能
N动能转换比
N内能转换比
N流入内能
N流入
知识能量
N知识能量
吸收能力
<Time>
知识能量流量
流动势差
流动能力
流动意愿
新技术发展率
创新生态系统知
识能量流动情境
旧技术改进率
M流出
知识能量
M流出势能
M势能流出比
M流出动能
M动能流出比
M流出内能
M内能流出比
M知识势能
M知识动能
M知识内能
M异质知识差异量
M异质知识差异度
M同质知识累积量
M同质知识累积度
M主动知识忘却量
M主动知识忘却度
M被动知识惯例量
M被动知识惯例度
M外化知识老化量
M外化知识老化度
M内化知识创新量
M内化知识创新度

图4-3　系统流图

## 三、方程设计与说明

依据陈怀超等（2017）和李春发等（2017）构建的系统动力学模型①②，就系统方程进行如下设计与说明：

（1）知识能量流出方的知识势能包括内生性累积、内生性损失和外源性损失三个途径。其中，内生性累积是指产业创新主体从外部获取同质知识创造的价值累积；内生性损失是指从外部获取异质知识无法创造价值的损失；外源性损失是指由于知识势能的流出而损失的价值。设 M 知识势能初始值为 100，则 M 知识势能方程为：

M 知识势能 = *INTEG*（M 同质知识累积量 - M 异质知识差异量 - M 流出势能，100）

（2）知识能量流出方的同质知识累积量和异质知识差异量与知识势能本身正相关，假设 M 异质知识差异量为阶跃函数，第 1 个月开始出现异质知识，设 M 同质知识累积度为 0.6，异质知识差异度为 0.1，则 M 同质知识累积量和异质知识差异量方程为：

M 同质知识累积量 = M 知识势能 × M 同质知识累积度

M 异质知识差异量 = *STEP*（M 知识势能 × M 异质知识差异度，1）

（3）知识能量流出方的知识动能包括内生性累积、内生性损失和外源性损失三个途径。其中，内生性累积是指产业创新主体通过被动组织惯例创造的价值累积；内生性损失是通过主动知识忘却而导致的价值损失；外源性损失是指由于知识动能的流出而损失的价值。设 M 知识动能初始值为 100，则 M 知识动能方程为：

M 知识动能 = *INTEG*（M 被动组织惯例量 - M 主动知识忘却量 - M 流出动能，100）

（4）知识能量流出方的被动组织惯例量和主动知识忘却量与知识动能本

---

① 陈怀超，蒋念，范建红．转移情境影响母子公司知识转移的系统动力学建模与分析[J]．管理评论，2017，29（12）：62－71.

② 李春发，赵乐生．激励机制影响新创企业知识转移的系统动力学分析[J]．科技进步与对策，2017，34（13）：128－135.

身正相关，假设 M 主动知识忘却量为阶跃函数，第 6 个月开始出现主动忘却，设 M 被动组织惯例度为 0.6，主动知识忘却度为 0.3，则 M 被动组织惯例量和主动知识忘却量方程为：

M 被动组织惯例量 = M 知识动能 × M 被动组织惯例度

M 主动知识忘却量 = *STEP*（M 知识动能 × M 主动知识忘却度，6）

（5）知识能量流出方的知识内能包括内生性累积、内生性损失和外源性损失三个途径。其中，内生性累积是指产业创新主体通过内化知识创造的价值累积；内生性损失是通过外化知识老化而导致的价值损失；外源性损失是指由于知识内能的流出而损失的价值。设 M 知识内能初始值为 100，则 M 知识内能方程为：

M 知识内能 = *INTEG*（M 内化知识创新量 - M 外化知识老化量 - M 流出内能，100）

（6）知识能量流出方的内化知识创新量和外化知识老化量与知识内能本身正相关，假设 M 外化知识老化量为阶跃函数，第 12 个月开始出现老化，设 M 内化知识创新度为 0.2，外化知识老化度为 0.1，则 M 内化知识创新量和外化知识老化量方程为：

M 内化知识创新量 = M 知识内能 × M 内化知识创新度

M 外化知识老化量 = *STEP*（M 知识动能 × M 外化知识老化度，12）

（7）知识能量流入方的知识势能包括内生性累积、内生性损失和外源性累积三个途径。其中，内生性累积是指产业创新主体从外部获取同质知识创造的价值累积；内生性损失是指从外部获取异质知识无法创造价值的损失；外源性累积是指由于知识势能的流入而累积的价值。设 N 知识势能初始值为 20，则 N 知识势能方程为：

N 知识势能 = *INTEG*（N 知识累积量 + N 流入势能 - N 知识流失量，20）

（8）知识能量流入方的同质知识累积量和异质知识差异量与知识势能本身正相关，假设 N 异质知识差异量为阶跃函数，第 1 个月开始出现异质知识，设 N 同质知识累积度为 0.3，异质知识差异度为 0.1，则 N 同质知识累积量和异质知识差异量方程为：

N同质知识累积量 = N知识势能 × N同质知识累积度

N异质知识差异量 = *STEP*（N知识势能 × N异质知识差异度，1）

（9）知识能量流入方的知识动能包括内生性累积、内生性损失和外源性累积三个途径。其中，内生性累积是指产业创新主体通过被动组织惯例创造的价值累积；内生性损失是通过主动知识忘却而导致的价值损失；外源性累积是指由于知识动能的流入而累积的价值。设N知识动能初始值为20，则N知识动能方程为：

N知识动能 = *INTEG*（N被动组织惯例量 + N流入动能 − N主动知识忘却量，20）

（10）知识能量流入方的被动组织惯例量和主动知识忘却量与知识动能本身正相关，假设N主动知识忘却量为阶跃函数，第6个月开始出现主动忘却，设N被动组织惯例度为0.6，主动知识忘却度为0.3，则N被动组织惯例量和主动知识忘却量方程为：

N被动组织惯例量 = N知识动能 × N被动组织惯例度

N主动知识忘却量 = *STEP*（N知识动能 × N主动知识忘却度，6）

（11）知识能量流入方的知识内包括内生性累积、内生性损失和外源性累积三个途径。其中，内生性累积是指产业创新主体通过内化知识创造的价值累积；内生性损失是通过外化知识老化而导致的价值损失；外源性累积是指由于知识内能的流入而累积的价值。设N知识内能初始值为20，则N知识内能方程为：

N知识内能 = *INTEG*（N内化知识创新量 + N流入内能 − N外化知识老化量，20）

（12）知识能量流出方的内化知识创新量和外化知识老化量与知识内能本身正相关，假设N外化知识老化量为阶跃函数，第12个月开始出现老化，设N内化知识创新度为0.1，外化知识老化度为0.1，则N内化知识创新量和外化知识老化量方程为：

N内化知识创新量 = N知识内能 × N内化知识创新度

N 知识老化量 = *STEP*（N 知识内能 × N 外化知识老化度，12）

（13）流动势差由 M 知识势能和 N 知识势能的差值决定。当 M 知识势能 > N 知识势能时，流动能力由动能之比决定；反之，流动能力为 1，即完全基于动能自由流动。当 M 知识动能 > N 知识动能时，流动意愿为内能之比；反之，流动意愿为 1，即知识内能自由流动。

流动势差 = M 知识势能 − N 知识势能

流动能力 = *IFTHENELSE*（M 知识势能 > N 知识势能，M 知识动能/N 知识动能，1），令流动能力为选择函数，下限设为 1

流动意愿 = *IFTHENELSE*（M 知识动能 > N 知识动能，M 知识内能/N 知识内能，1），令流动意愿为选择函数，下限设为 1

（14）当流动意愿大于 1 时，知识能量流量同时受创新生态系统知识能量流动清境、流动势差、流动能力和 N 知识能量吸收能力影响，知识能量流量为一阶延迟选择函数，延迟 2 个月，初始知识能量流量为 0；创新生态系统知识能量流动情景同时受旧知识改进率和新知识发展率的影响，两者取值为 0 ~ 1。

知识能量流量 = *DELAY1I*［*IFTHENELSE*（流动意愿 > 1，创新生态系统知识能量流动情境 × 流动势差 × 流动能力 × N 知识能量吸收能力，0，2，0）］

创新生态系统知识能量流动情境 =（1 − 旧知识改进率）× 新知识发展率

## 第三节 模型检验与灵敏度分析

### 一、仿真分析

本章的研究对象是知识能量流动机理，目的是分析产业创新生态系统情境下知识能量流量的变化特征，首先应根据所涉及的变量以及时间跨度确定系统边界，检验系统模型中重要的概念和变量是否是内生变量，同时测试系统的行为对系统边界假设是否敏感①。本章引入了理论模型构建的知识势能、知识动能和知识内能变量，一方面，参考现有研究中关于知识转移和知识流动的系统动力学模型；另一方面，咨询相关专家学者，根据现实情况通过 Vensim 软件中 SyntheSim 功能对模型进行修正，所构建的因果关系、系统流图和系统边界是合理的。

由于信息化和互联网的高速发展，新知识革新对创新生态系统的冲击强于旧知识改进，因此将旧知识改进率的初始值设为 0.1，将新知识发展的初始值设为 0.2，仿真时间设为 24 个月，M 知识势能和知识动能流出比设为 0.1（该参数设定借鉴 Linderman 对明尼苏达州的赛达伯格湖的水生物能量活动进行实证研究，即“食物链上每个等级的生产效率由呼吸与生长的关系确定，能量在相邻两个营养级间的传递效率是 10% ~20%”。因此，模型假设创新生态系统中的能量有效流动效率大约是 10%），M 知识内能流出比设为 0.8（该参数设定是建立在非核心知识能量的流动性远大于核心知识的基础上，即假设核心知识占比为 20%）。在 N 流入能量等量转换的情况下，主要变量仿真结果如图 4 –8 所示。

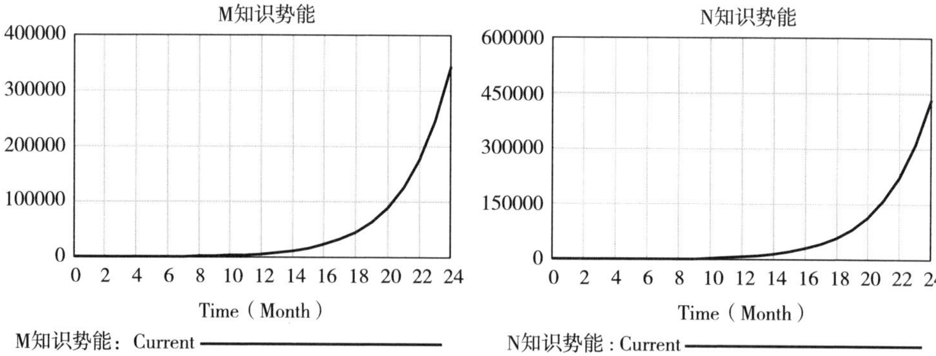


（a）M知识势能仿真结果　　（b）N知识势能仿真结果

**图 4 –4　主要变量仿真结果**

① 钟永光，贾晓箐，钱颖等. 系统动力学（第二版）［M］. 北京：科学出版社，2013.

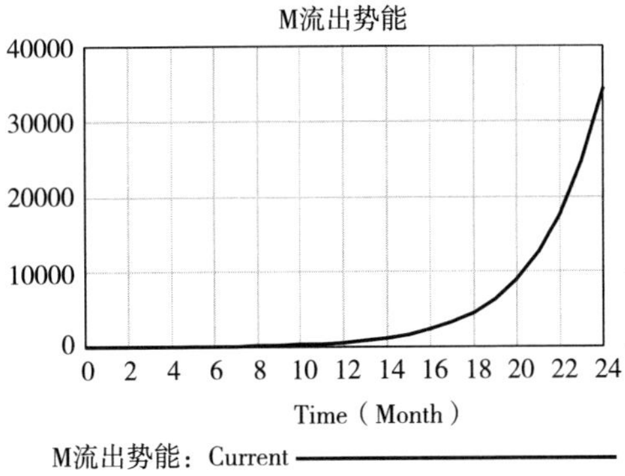


（c）M流出势能仿真结果

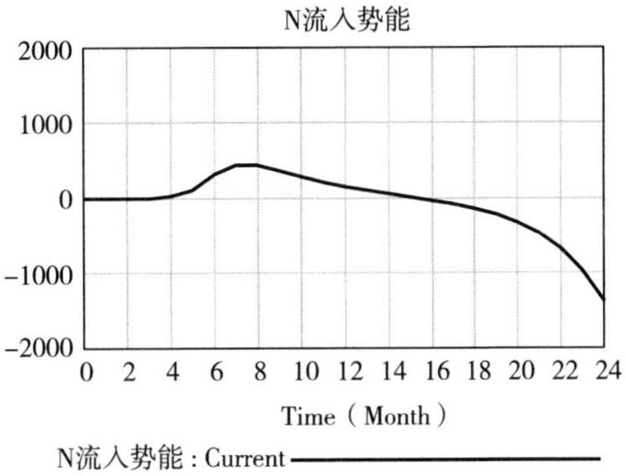


（d）N流入势能仿真结果

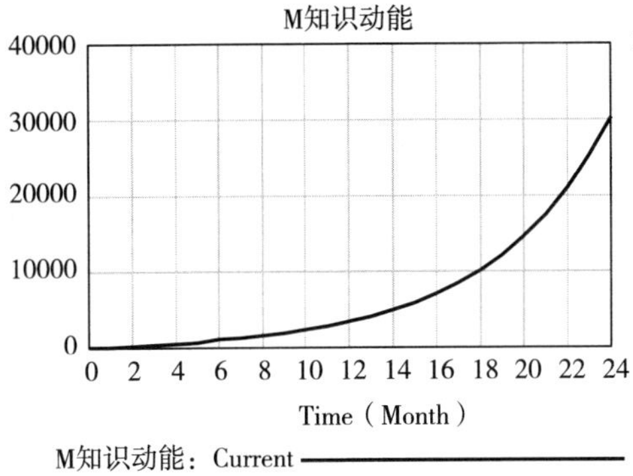


（e）M知识动能仿真结果

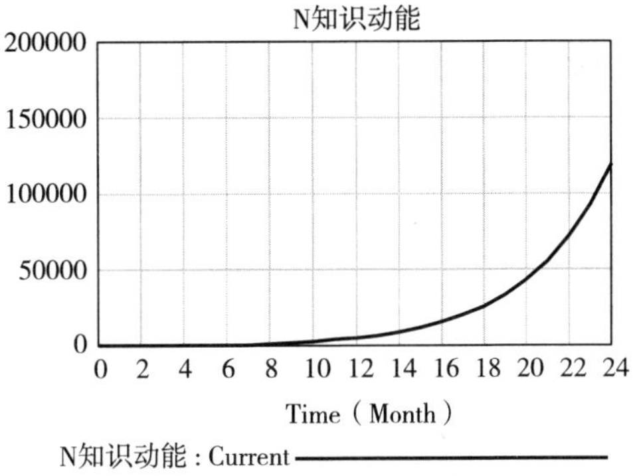


（f）N知识动能仿真结果

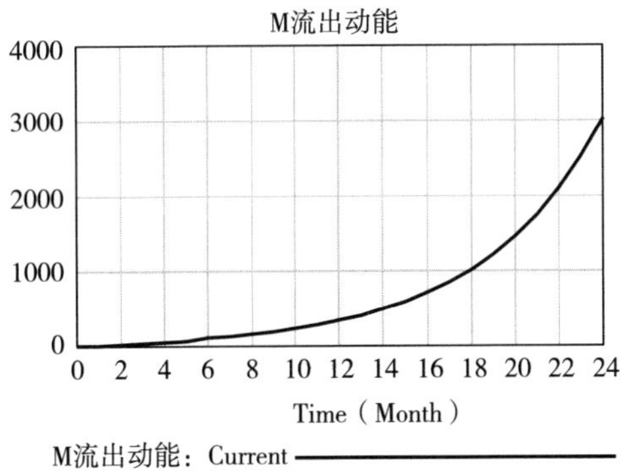


（g）M流出动能仿真结果

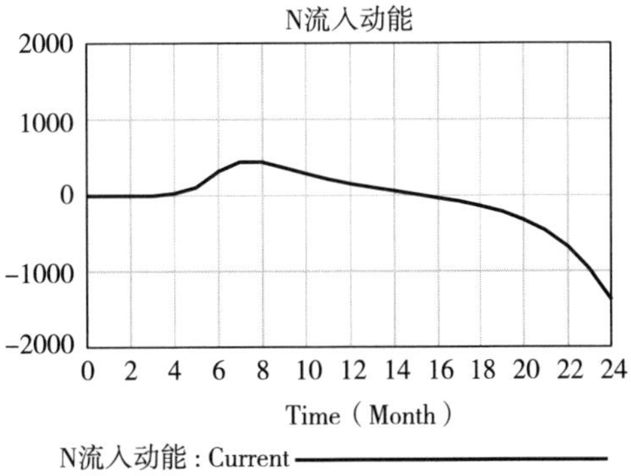


（h）N流入动能仿真结果

**图4－4 主要变量仿真结果（续）**

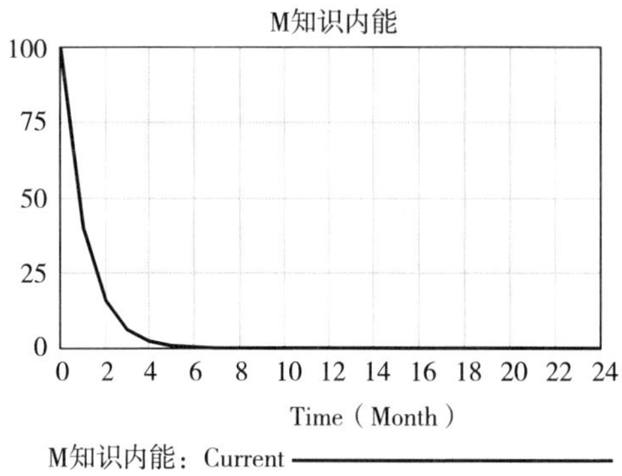


（i）M知识内能仿真结果

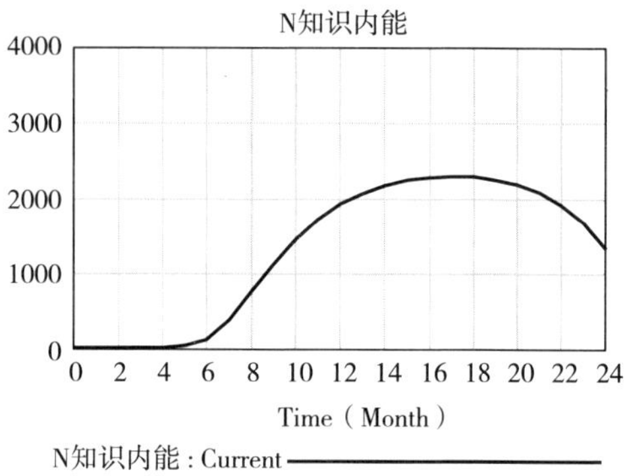


（j）N知识内能仿真结果

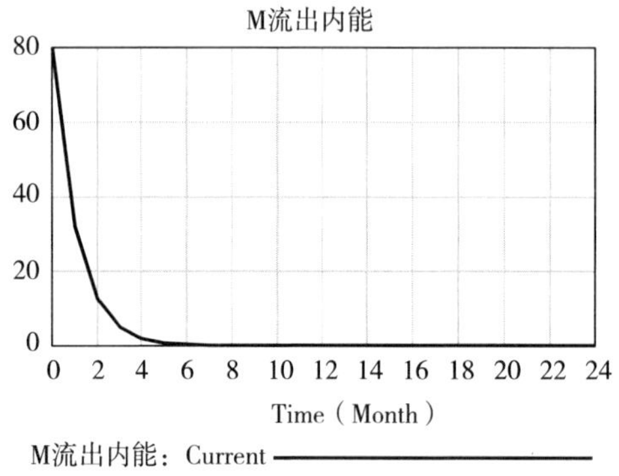


（k）M流出内能仿真结果

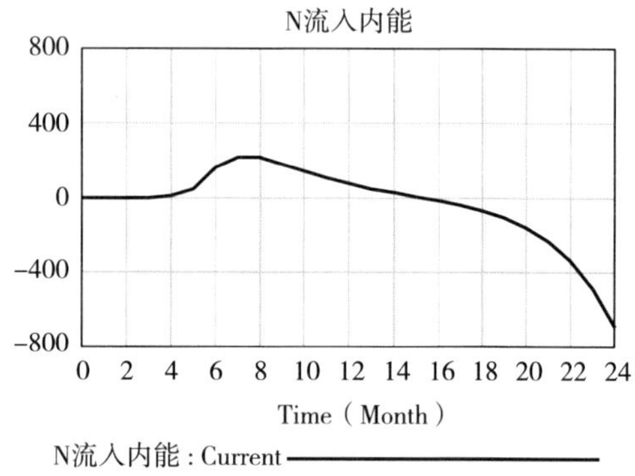


（l）N流入内能仿真结果

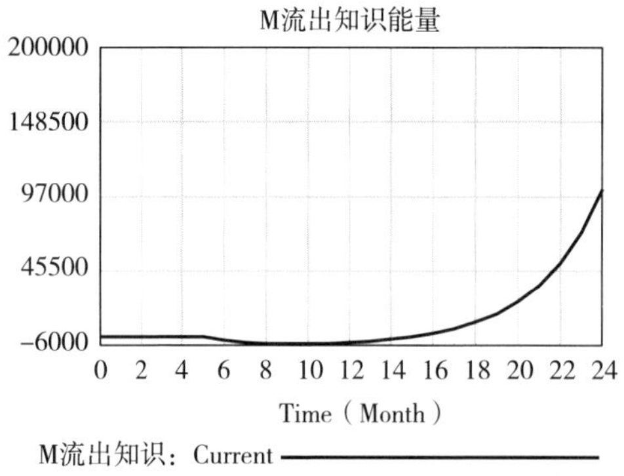


（m）M流出知识能量仿真结果

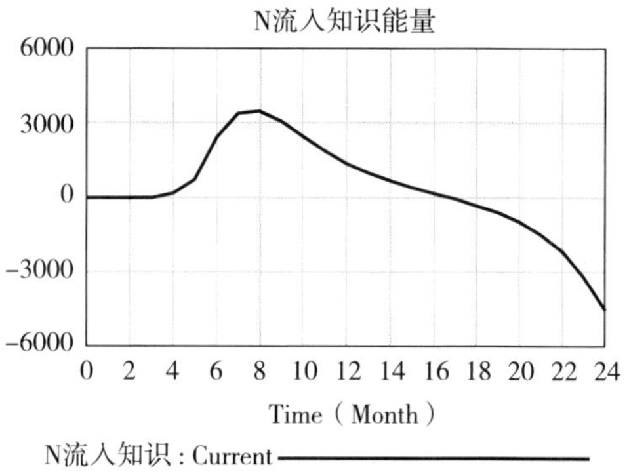


（n）N流入知识能量仿真结果

**图4－4 主要变量仿真结果（续）**

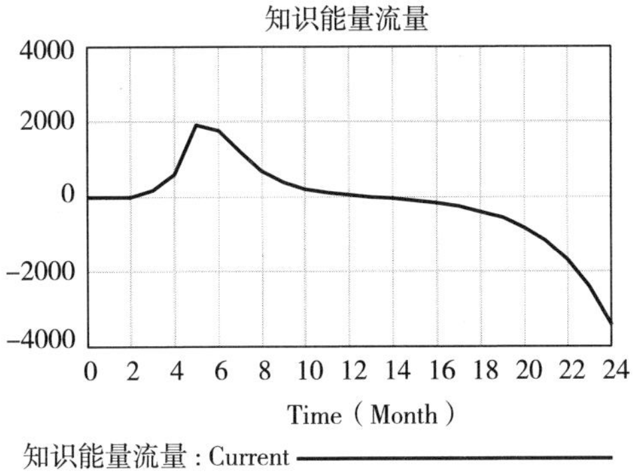


（o）知识能量流量仿真结果

**图4-4　主要变量仿真结果（续）**

由结果可知：①M 和 N 的知识势能、知识动能均呈不断增长态势，这是由知识累积和知识创造的存量特征决定的；②M 的知识内能在前 6 个月呈快速下降的态势，是由知识创新的时效性决定的；由于知识能量的流入，N 的知识内能从第 6 个月到第 17 个月呈 S 形增长态势，但同样由于知识创新的时效性，其从第 18 个月开始以慢于 M 的速度下降；③在等比转化的情况下，N 流入知识能量与 N 流入势能、动能、内能的等比例变化，从第 4 个月到第 7 个月快速上升，然后从第 8 个月到第 15 个月平稳下降，并于 16 个月之后逆向流动，即 N 开始成为知识能量流出方；④在创新生态系统情境下，知识能量流动在 N 知识能量吸收能力、流动势差、流动能力、流动意愿的共同作用下，其变化趋势和变化幅度小于 N 流入知识能量。由以上分析可知，各曲线的变化规律符合现实中知识累积、创造和创新的情形，也在一定程度上满足了热力学的能量守恒定律，说明所构建的系统动力学模型具有一定的时效性和合理性。

## 二、灵敏度分析

系统动力学可以从流率和状态两个方面分析知识能量流动，即知识能量流量和流入知识能量。由此，为确定创新生态系统情境对知识能量流动的影响作用，以不同的 N 流入势能、N 流入动能和 N 流入内能转换比表征稳定共存、弹性错觉和创造破坏情境下知识能量流动的特征，如表 4－3 所示。然后分别调整旧知识改进率和新知识发展率两个变量的数值，更精确地考察新旧知识替代作为创新生态系统的重要影响因素对知识能量流动的影响。

**表 4－3　创新生态系统情境参数设置**

| | N 流入势能转换比 | N 流入动能转换比 | N 流入内能转换比 | 情境解释 |
|---|---|---|---|---|
| 稳健共存情境 | 40% | 40% | 20% | 知识能量累积和知识能量惯例的潜力较高，但知识能量提升不足，即市场具有知识创新惰性倾向 |
| 弹性错觉情境 | 40% | 20% | 40% | 知识能量累积和知识能量提升的潜力较高，但知识能量惯例不足，即市场具有知识路径依赖倾向 |
| 创造破坏情境 | 20% | 40% | 40% | 知识能量惯例和知识能量提升的潜力较高，知识能量累积的潜力不足，即市场具有知识配置失衡倾向 |

1. 旧知识涌现对知识能量流动的灵敏度分析

将旧知识改进率由 0.1 分别提高到 0.2、0.3、0.4、0.5、0.6、0.7 和 0.8，知识能量流量和 N 流入知识能量走势基本保持一致，结果如图 4－5 所示。

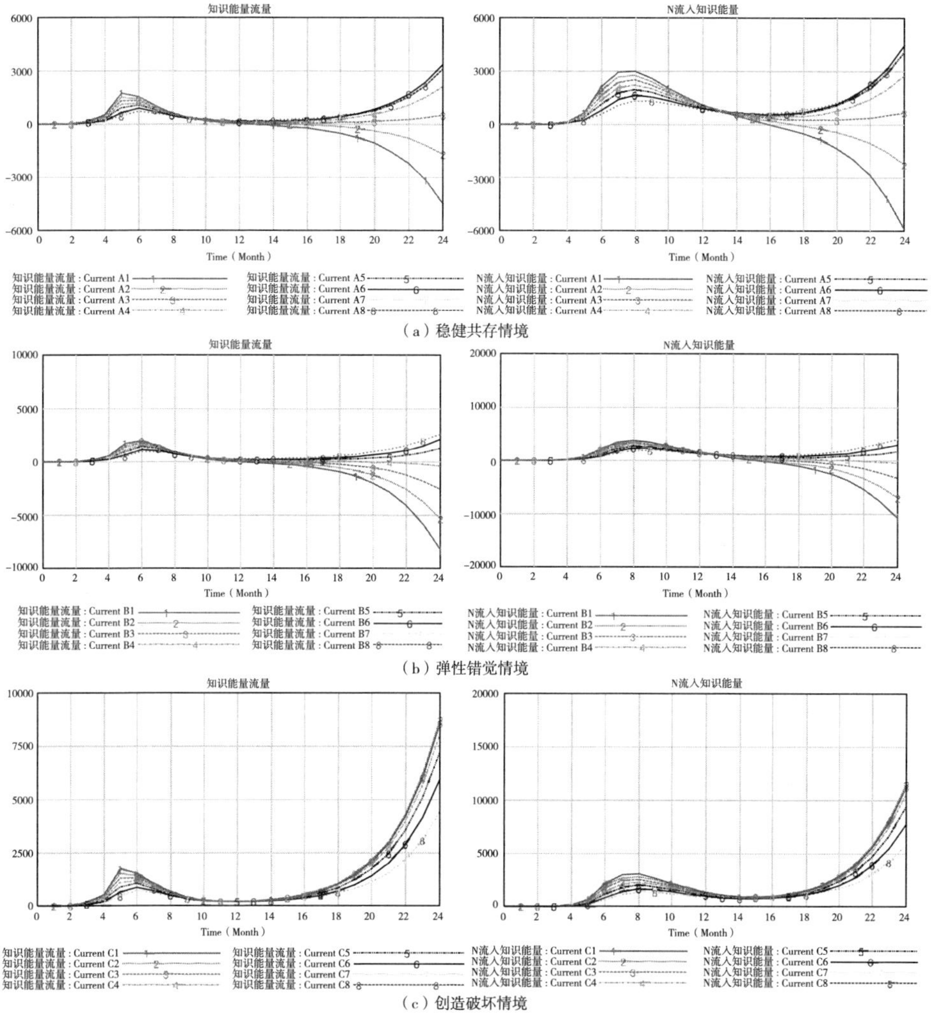


（a）稳健共存情境

（b）弹性错觉情境

（c）创造破坏情境

**图4－5 旧知识涌现率灵敏度分析**

在稳健共存情境下，短期内由于旧知识的能量惯例，知识能量流量快速涨落（Current A，2≤t≤10）；而随着旧知识改进率的提升，长期持续投资于旧知识改进能够使知识能量流量最大化（Current A3 - A8）。可以认为，在缺乏知识能量流动意愿的市场，短期内通过旧知识的市场占有快速获利，然后投资于旧知识改进的行为是符合客观规律的。但是，如果旧知识改进率长期低于新知识发展率（Current A1－A2），则新知识的完善对旧知识生态的打击是致命的，直接引致知识能量的逆向流动。与稳健共存情境相同，弹性错觉情境下短期内利用旧知识快速占领市场是提升知识能量流量的最佳选择（Current B，2≤t≤10）。不同的是，低水平的旧知识改进率与长期持续提高旧知识改进率的知识能量流动效果接近（Current B5－B8）。这是由于随着新知识日趋成熟，在缺乏知识能量流动能力的市场，过度优化旧知识并不会改进创新生态系统的资源配置。而在创造破坏情境下，新知识良性发展的趋势使得旧知识持续改进反而降低了知识能量流量（Current C），即在缺乏知识能量流动意愿的市场，旧知识创新生态的发展瓶颈限制了知识能量流动。可以认为，旧知识根植于相对成熟的创新生态系统中，即使在核心技术本身没有进展的情况下，旧知识的改进也可以促进知识能量的流动。

2. 新知识催化对知识能量流动的灵敏度分析

将新知识发展率由0.2分别提高到0.3、0.4、0.5、0.6、0.7、0.8和0.9，知识能量流量和N流入知识能量走势基本保持一致，结果如图4－6所示。可以看出，在旧知识占领了相对独立的市场保持相对较低的改进率时，新知识的全速发展引致知识能量逆向流动。

在三种情境下，短期内发展新知识均能产生一定的知识能量流量（Current D、CurrentE、CurrentF，4≤t≤8），但长期发展新知识可以产生大量逆向流动的知识能量。这主要是由于随着知识创新核心技术门槛的提升以及大量资源的消耗，知识能量流入方强烈的知识能量流动意愿能够反哺知识能量流出方流出的知识能量。可见，不同于旧知识改进，新知识发展更有利于知识能量流出方的可持续创新。而在创造破坏情境下，随着旧知识的停滞不前和新知识的不受阻碍，消极发展新知识能够保持知识能量低水平的正向流动（Current F1）。但知识能量流动产生的价值均能在长期内实现指数增长，且这种增长在创造破坏情境下尤为显著。可以认为，新知识创造价值的能力取决于知识能量流入方在创新生态系统中的市场开发与部署，新知识发展催化知识能量逆向流动，反哺创新生态系统的进一步扩张，提高知识能量流出方的知识累积、创造和创新能力。

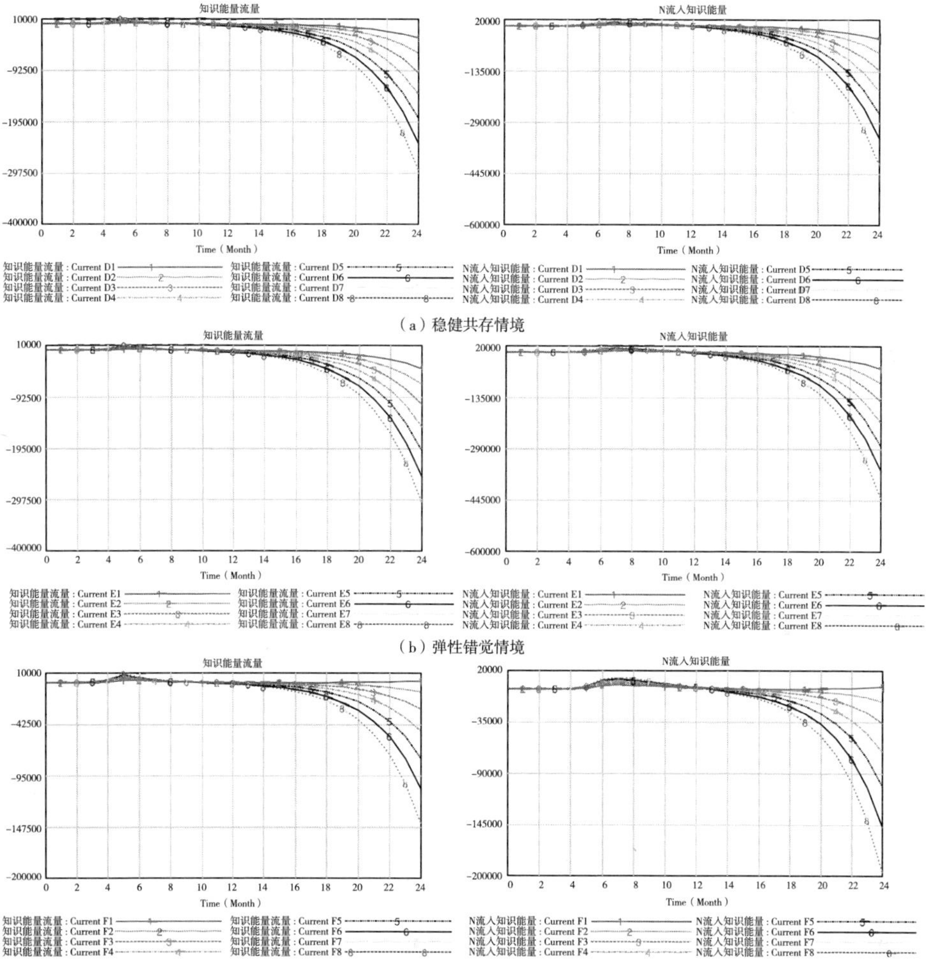


（a）稳健共存情境

（b）弹性错觉情境

（c）创造破坏情境

**图4－6　新知识催化率灵敏度分析**

灵敏度分析的结果表明，持续的旧知识改进促进知识能量正向流动；持续的新知识发展催化知识能量逆向流动。在上述旧知识改进和新知识发展的演变过程中，知识能量流动创造的价值在创新生态系统情境下出现的“南橘北枳”现象，说明了知识能量的流出和流入是相对的，造成这种转变的根本原因是创新生态系统情境下的知识能量结构不同。对于旧知识的改进，知识能量接收方转换知识动能和知识内能的能力越强，知识能量流动产生的价值就越大，相应的旧知识的改进对知识能量流入方的作用就越大；同样，对于新知识的发展，知识能量流入方转换知识势能和知识动能的能力越强，知识创新产生的价值对流出方的反哺作用就越大，相应的知识能量流动对知识能量流出方的作用就越大。这正是灵敏度分析推导出的必然结论，如图 4 –7 所示。

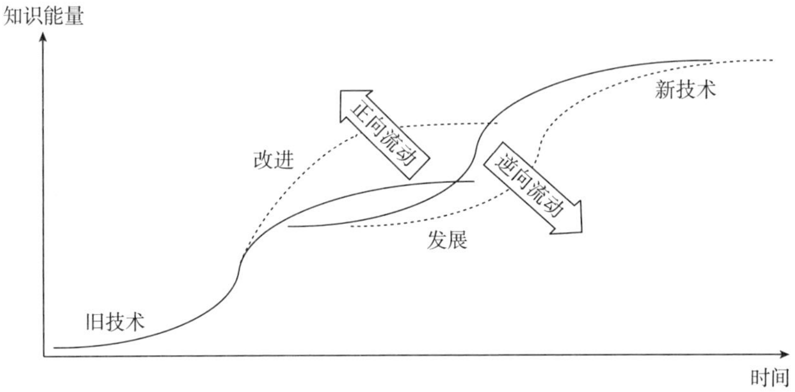


**图 4 –7　知识能量流动的经验解释**

以新能源汽车与燃油汽车间的竞争为例，新能源汽车不仅要保持汽车设计的惯例（知识动能），还要保证充电站等基础设施的累积（知识势能），但尚不完备的新能源汽车产业创新生态系统落后于新能源汽车的技术创新，知识创新无法发挥其全部的潜力，只能通过长期实践中的知识创造和累积流出知识能量；燃油汽车同样要保持汽车设计的惯例，但在加油站等基础设施配套完备的现代社会，随着智能化技术的日趋复杂，超越企业生产专业化的创新（知识内能）越发突出，通过长期实践中的知识创造和创新使自身快速占领市场，进而反哺知识能量流出方。

# 本章小结

知识替代是知识能量流动的必要条件，知识能量流动的流量和流向是由知识能量结构，以及产业创新生态系统克服新知识催化的挑战与扩展旧知识涌现的机会共同决定的，两种力量的平衡构成了创新生态系统的稳健共存、弹性错觉和创造破坏三种流动情境。在给定的产业创新生态系统情境下，知识能量流动的必要条件是知识替代，这也是自 1942 年以来以 Schumpeter 为核心的创新研究的一个主要焦点。知识能量流动正是创造性破坏的浪潮对市场冲击的价值体现，在不同的情境下展示出价值提升的显著差异，这正是仿真分析推出的必然结论。

# 第五章

# 知识势能的模型构建与价值累积的机理分析

本章从“知识势能”维度解释产业创新生态系统中的价值累积逻辑，构建了基于“同质知识”和“异质知识”的“知识势能”研究模型，验证了产业创新主体通过捕获系统外部扩散的知识积累价值的过程机理。

## 第一节　知识势能的研究框架与模型构建

从前文的研究可知，产业创新主体通过捕获系统外部扩散的知识实现价值累积和创新行为变化。产业创新生态系统中的价值创造行为不再是封闭的，而要受到外源性知识扩散和产业创新主体内生性价值捕获的影响，这决定了知识的扩散是影响产业创新生态系统价值累积的主要变量。但是，从产业创新主体捕获系统外部知识的模式来看，同质知识和异质知识在创造价值的过程中发挥的功效不同。因此，有必要对产业创新生态系统价值累积的过程“黑箱”进行分析。

## 一、知识势能

产业创新生态系是开放系统，产业创新主体捕获系统外部流入的同质知识提升了产业创新主体间知识创造价值的共享水平，从而大大地提高了产业创新生态系统的同质知识累积度，增加了产业创新主体的价值累积能力的“长度”；产业创新主体捕获系统外部流入的异质知识提升了产业创新主体间知识创造价值的多样水平，从而大大地提升了产业创新生态系统的异质知识差异度，增加了产业创新主体的价值累积能力的“宽度”①。那么，价值累积的能力在产业创新生态系统中具有位置和位形，对应了物理学中“势能是指物体（或系统）由于位置或位形而具有的能量”的理论。因此，本书在知识存量②、知识位势③和技术势能④等相关概念的基础上，将“知识势能”定义为产业创新生态系统中的产业创新主体共同的价值累积。产业创新主体能通过捕获系统外部知识凝聚知识能量存量，为产业创新主体可持续的创新奠定基础。

此外，杨皎平等（2016）将知识势能划分为“共享性知识累积度”和“企业间知识差异度”的研究框架是本书参考的重要研究基础，即不同产业创新主体所构成的创新网络组织具有一个共同代表网络创新能力的知识势能，是具有一定同质知识存量的产业创新主体由于存在异质知识差异而具有的进一步创造价值的潜能⑤。因此，本书同样从程度上定义，认为“同质知识累积度”是产业创新主体通过外部知识扩散而形成的产业创新生态系统整体所共有的价

① Emily Bacon，Michael D Williams，Gareth H Davies. Recipes for Success：Conditions for Knowledge Transfer Across Open Innovation Ecosystems [J]. International Journal of Information Management，2019（49）：377 –387.

② 杜静，魏江．知识存量的增长机理分析[J]. 科学学与科学技术管理，2004，25（1）：24 –27.

③ 李莉，党兴华，张首魁．基于知识位势的技术创新合作中的知识扩散研究[J]. 科学学与科学技术管理，2007，28（4）：107 –112.

④ 余泳泽，武鹏．FDI、技术势能与技术外溢——来自我国高技术产业的实证研究[J]. 金融研究，2010（11）；60 –76.

⑤ 杨皎平，侯楠，王乐．集群内知识溢出、知识势能与集群创新绩效[J]. 管理工程学报，2016，30（3）：27 –35.

值存量累积程度，用 KH 表示；“异质知识差异度”是由不同产业创新主体获取知识能量的方式和途径不同而导致的产业创新主体间的价值存量多样性程度，用 KN 表示。当同质知识累积度不足而异质知识差异度很大时，产业创新主体捕获系统外部知识进而共享同质知识的潜力较大，促进了产业创新生态系统整体的价值累积；当同质知识累积充足而异质知识差异度较小时，产业创新主体捕获系统外部知识进而共享同质知识的潜力较小，引致产业创新生态系统整体的知识能量损失。因此，系统外部知识扩散和产业创新生态系统整体的价值累积之间应存在倒“U”形关系。

## 二、研究框架

$H_{P1}$：系统外部知识扩散与同质知识累积度的增加正相关。

产业创新主体捕获产业创新生态系统外部的知识可以增加产业创新生态系统整体的同质知识累积度，包括个体、企业和产业组织三个层面：以人为载体的知识捕获能够使个体层面的同质累积上升为组织层面的知识累积，激发知识创造价值的协同效应①；以企业为载体的知识捕获可以提高企业间的知识结构相似性，从而提高企业间合作的可能性，丰富产业组织合作网络②③；以产业组织为载体的知识捕获能够最大限度地提升捕获能力，具有较高的知识整合效率，产业创新网络中存在空间集聚的产业创新主体倾向具有相似的知识结构④。可以认为，产业创新主体捕获产业创新生态系统外部的知识是增加同质知识累积度的主要途径。

---

① Hendriks P. Why Share Knowledge? The Influence of ICT on The Motivation for Knowledge Sharing [J]. Knowledge & Process Management, 2015, 6 (2): 91 - 100.

② Mowery D C, Oxley J E, Silverman B S. Strategic Alliances and Interfirm Knowledge Transfer [J]. Strategic Management Journal, 2015, 17 (S2): 77 - 91.

③ Kotabe M, Dunlap - Hinkler D, Parente R, et al. Determinants of Cross - national Knowledge Transfer and Its Effect on Firm Innovation [J]. Journal of International Business Studies, 2007, 38 (2): 259 - 282.

④ 黄玮强，庄新田，姚爽. 基于创新合作网络的产业集群知识扩散研究[J]. 管理科学，2012，25 (2): 13 - 23.

$H_{P2}$：系统外部知识扩散与异质知识差异度的增加负相关。

首先，知识共享是导致产业创新趋同的主要原因，不仅限制了知识创造价值的多样性①，而且导致了产业组织的同构和锁定②；其次，产业创新主体过度捕获系统外部的知识会导致认知、行为和发展战略的趋同③；最后，通过相互模仿及相互影响，往往会形成相同或类似的产业组织体系，所以知识共享刚性会带来产业创新主体战略趋同风险④。可以认为，创新主体捕获产业创新生态系统外部的知识是减少异质知识差异度的主要途径。

$H_{P3}$：同质知识累积度与产业创新生态系统的价值累积正相关。

价值累积是产业创新主体进行创新活动的基础⑤，一方面通过捕获系统外部的知识提高创新绩效⑥，另一方面通过整合存量知识进行价值创造。"知识场"理论中的"知识能量"与"知识存量""场源"的正相关关系均是产业创新生态系统价值累积的理论支撑⑦。可以认为，在不考虑边际收益的情况下，创新主体捕获产业创新生态系统外部的知识能量对价值累积具有正向影响。

$H_{P4}$：异质知识差异度与产业创新生态系统的价值累积正相关。

知识的多样性是促进知识创新的重要条件之一。根据知识创造螺旋的规律，若产业创新主体的同质知识基础过低，则不能有效地整合纳入异质知识；

① Cosaert S. What Types are There? [J]. Computational Economics, 2019, 53 (2): 1-22.

② Nathan R, Mullerlandau H C. Spatial Patterns of Seed Dispersal, Their Determinants and Consequences For Recruitment. [J]. Trends in Ecology & Evolution, 2000, 15 (7): 278-285.

③ 吴晓波，耿帅．区域集群自稔性风险成因分析[J]. 经济地理，2003，23 (6)：726-730.

④ 朱方文．基于共享性资源刚性的集群企业风险成因分析[J]. 科学学与科学技术管理，2007，28 (12)：157-161.

⑤ Yanadori Y, Cui V. Creating Incentives for Innovation? The Relationship Netween Pay Dispersion in R&D Groups and Firm Innovation Performance [J]. Strategic Management Journal, 2013, 34 (12): 1502-1511.

⑥ Walsh J P, Ungson G R. Organizational Memory [J]. The Academy of Management Review, 1991, 16 (1): 77-94.

⑦ 王国红，邢蕊，唐丽艳．基于知识场的产业集成创新研究[J]. 中国软科学，2010 (9)：96-107.

若产业创新生态系统内的知识高度同质化，产业创新主体则很少能从彼此交流中获得新知识。当同质知识累积达到一定程度，知识多样性越高的产业创新主体，其创新的可持续性以及创新产品的多样性就越高①。企业作为产业创新生态网络中的重要节点，既要快速捕获同质知识，又要快速捕获异质知识，并实现两者功能的有机整合，进而强化捕获同质知识和异质知识以创造价值的能力②。此外，如何把握同质知识和异质知识的平衡也是产业创新生态系统知识能量提升的关键，产业创新主体内部的共同认知水平和多样性也是知识能量“长度”和“宽度”的直观体现③。

$H_{P5}$：系统外部知识扩散与产业创新生态系统的知识能量呈倒“U”形关系。

产业创新主体在捕获产业创新生态系统外部的知识能量的基础上，一方面增加了产业创新生态系统内部同质知识的累积度，以及产业创新主体间的知识冗余，为产业创新生态系统中的协同创新和价值创造提供了知识结构基础；另一方面异质知识转化为系统内部的共同知识进行价值创造，降低了产业创新主体间的知识差异度，甚至导致组织文化趋于同构，从而使产业创新生态系统对系统外部知识扩散的捕获产生惰性。因此，产业创新生态系统在捕获外部知识的过程中应该兼顾同质知识累积度和异质知识差异度间的平衡，使知识势能最大化，进而使产业创新生态系统价值累积的潜力最大化。

为了验证上述假设，令产业创新生态系统外部知识扩散为 $KD$，同质知识累积度为 $KH$，异质知识差异度为 $KN$，产业创新生态系统的价值累积为 $EA$，然后根据研究框架设定以下回归模型：

---

① 刘凤朝，张淑慧，朱姗姗．技术知识多样性的双重作用：专利受理及创新影响——基于对象—过程视角的研究[J]．中国软科学，2018（9）：148－159.

② 魏江，徐蕾．集群企业知识网络双重嵌入演进路径研究——以正泰集团为例[J]．经济地理，2011，31（2）：247－253.

③ 杨皎平，金彦龙，戴万亮．网络嵌入、学习空间与集群创新绩效：基于知识管理的视角[J]．科学学与科学技术管理，2012，33（6）：51－59.

$$KH = \gamma_0 + \gamma_1 KD + \varepsilon$$

$$KN = \nu_0 + \nu_1 KD + \varepsilon$$

$$\ln EA = b_0 + b_1 \ln KH + b_2 \ln KN + \varepsilon$$

$$EA = a_0 + a_1 KD + a_2 KD^2 + \varepsilon \quad (5-1)$$

其中，$H_{P1}$对应 $\gamma_1 > 0$，$H_{P2}$对应 $\nu_1 < 0$，$H_{P3}$对应 $b_1 > 0$，$H_{P4}$对应 $b_2 > 0$，$H_{P5}$对应 $a_2 < 0$。理论模型框架如图 5－1 所示。

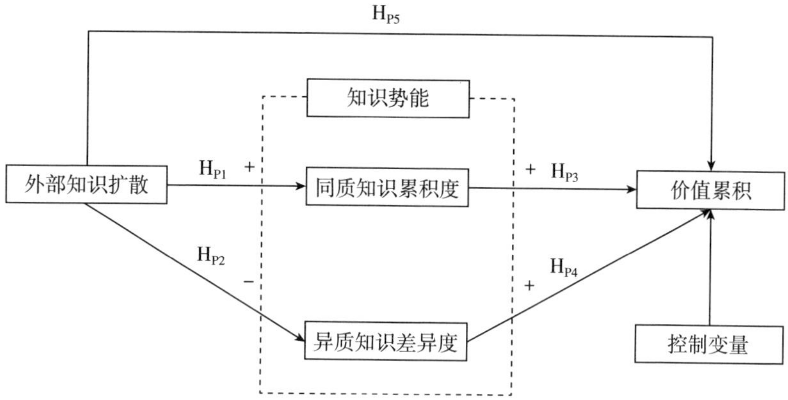


**图 5－1　价值累积的研究框架**

## 三、模型构建

本书是以知识能量观和知识创造模型为研究基础的，因此在数理分析时需要建立知识势能函数。本书在 Griliches－Jaffe 生产函数和 C－D 生产函数的基础上建立知识势能函数，进而提出以下模型假设：

（1）知识势能函数为 $E^P = AKH^{\alpha}KN^{1-\alpha}$，其中，$E^P$ 代表知识能量产出，$KH$ 代表同质知识累积度，$KN$ 代表异质知识差异度，$A$ 为常数，$0 < \alpha < 1$ 为弹性系数。

（2）产业创新生态系统的经济性产出 $Y$ 为知识势能 $E^P$ 的线性增函数，即产业创新生态系统的经济产出随着价值创造的增长而增长，因而有 $Y = \beta_0 + \beta_1 AKH^{\alpha}KN^{1-\alpha}$。

（3）产业创新生态系统的经济性产出 $Y$ 的用途分为三部分：创新产品生产投资 $IN_P$、鼓励产业创新主体捕获产业创新生态系统外部的知识扩散（增加同质知识）的投资 $IN_{KH}$、鼓励增加系统知识多样性（增加异质知识）的投资 $IN_{KN}$，因此 $Y=IN_P+IN_{KH}+IN_{KN}$。在产业创新的生产性投资 $IN_P$ 给定的情况下，$IN_{KH}+IN_{KN}=Y-IN_P$，因此 $IN_{KH}$和 $IN_{KN}$此消彼长，即当鼓励捕获产业创新生态系统外部的知识扩散时，必然降低了知识的多样性。

（4）同质知识累积度 $KH$ 的变化满足 $\mathrm{d}KH/\mathrm{d}t=IN_{KH}-\delta KH$；异质知识差异度 $KN$ 的变化满足 $\mathrm{d}KN/\mathrm{d}t=IN_{KN}-\delta KN$，其中，$\delta$ 代表知识的损失率。

（5）产业创新生态系统的效用函数 $IU$ 为创新产品生产性投资 $IN_P$ 的增函数 $\upsilon(IN_P)$，根据效用函数的假定，使 $\upsilon(IN_P)=IN_P^{1-\theta}/(1-\theta)$，满足 $\upsilon'(IN_P)=IN_P^{1-\theta}>0$，$\upsilon''(IN_P)=-\theta IN_P^{-1-\theta}<0$，令效用函数的贴现率为 $\rho$。

根据上述假设，得到产业创新生态系统的跨期目标函数为：

$$\max U=\int_0^{\infty}u(IN_P)e^{-\rho t}\mathrm{d}t=\int_0^{\infty}\frac{IN_P^{1-\theta}}{1-\theta}e^{-\rho t}\mathrm{d}t \tag{5-2}$$

根据模型假设，需要满足以下约束条件：

$$IN_P+IN_{KH}+IN_{KN}=\beta_0+\beta_1 AKH^{\alpha}KN^{1-\alpha} \tag{5-3}$$

$$\mathrm{d}KH/\mathrm{d}t=IN_{KH}-\delta KH \tag{5-4}$$

$$\mathrm{d}KN/\mathrm{d}t=IN_{KN}-\delta KN \tag{5-5}$$

经过简化，得到产业创新生态系统的最优化问题：

$$\max_{IN_P,IN_{KM}} U=\int_0^{\infty}\frac{IN_P^{1-\theta}}{1-\theta}e^{-\rho t}dt$$

$$\text{s.t}\begin{cases}\dfrac{\mathrm{d}KN}{\mathrm{d}t}=\beta_0+\beta_1 AKH^{\alpha}KN^{1-\alpha}-IN_P-IN_{KH}-\delta KN\\[2ex]\dfrac{\mathrm{d}KH}{\mathrm{d}t}=IN_{KH}-\delta KH\end{cases} \tag{5-6}$$

该最优化问题的两个状态变量是系统同质知识累积度 $KH$ 和异质知识差异度 $KN$，决策变量为产品生产性投资 $IN_P$ 和鼓励捕获产业创新生态系统外部的

知识扩散的投资 $IN_{KH}$。

构建该最优化问题对应的 Hamiltom 函数：

$$\overline{H}=\frac{IN_P^{1-\theta}}{1-\theta}e^{-\rho t}+\lambda_1(\beta_0+\beta_1AKH^{\alpha}KN^{1-\alpha}-IN_P-IN_{KH}-\delta KN)+\lambda_2(IN_{KH}-\delta KH) \tag{5-7}$$

一阶必要条件为：

$$\frac{\partial\overline{H}}{\partial IN_P}=IN_P^{1-\theta}e^{-\rho t}-\lambda_1=0\Rightarrow\lambda_1=IN_P^{1-\theta}e^{-\rho t} \tag{5-8}$$

$$\frac{\partial\overline{H}}{\partial IN_{KH}}=-\lambda_1+\lambda_2=0\Rightarrow\lambda_1=\lambda_2 \tag{5-9}$$

$$\frac{\partial\overline{H}}{\partial KN}=\lambda_1\ (1-\alpha)\ \beta_1AKH^{\alpha}KN^{-\alpha}-\lambda_1\delta=-\dot{\lambda}_1 \tag{5-10}$$

$$\frac{\partial\overline{H}}{\partial KH}=\lambda_1\alpha\beta_1AKH^{\alpha-1}KN^{1-\alpha}-\lambda_2\delta=-\dot{\lambda}_2 \tag{5-11}$$

将式（5-8）关于 $t$ 微分得到 $\dot{\lambda}_1$，将 $\lambda_1$ 和 $\dot{\lambda}_1$ 代入式（5-10）得到：

$$\frac{\theta IN_P^{-1-\theta}}{IN_P^{-\theta}}+\rho=(1-\alpha)\beta_1AKH^{-\alpha}KN^{\alpha}\delta \tag{5-12}$$

由此得到产业创新生态系统的经济产出 $Y$ 用于产品生产的投资增长率为：

$$\frac{\mathrm{d}IN_P/\mathrm{d}t}{IN_P}=\frac{1}{\theta}\left[(1-\alpha)\beta_1A\left(\frac{KN}{KH}\right)^{\alpha}\delta-\rho\right] \tag{5-13}$$

联立式（5-9）、式（5-10）和式（5-11）得到：

$$\frac{KH}{KN}=\frac{\alpha}{1-\alpha} \tag{5-14}$$

结合式（5-3）、式（5-4）、式（5-5）和式（5-13）得到：

$$\frac{\mathrm{d}IN_P/\mathrm{d}t}{IN_P}=\frac{\mathrm{d}KH/\mathrm{d}t}{KH}=\frac{\mathrm{d}KN/\mathrm{d}t}{KN}=\frac{1}{\theta}[\beta_1A\alpha^{\alpha}(1-\alpha)^{1-\alpha}-\delta-\rho] \tag{5-15}$$

$$\frac{IN_{KH}}{IN_{KN}}=\frac{\alpha}{(1-\alpha)\theta}[\beta_1A\alpha^{\alpha}(1-\alpha)^{1-\alpha}-\delta-\rho]+\frac{\alpha\delta}{1-\alpha} \tag{5-16}$$

式（5-16）说明要使产业创新生态系统的经济目标最大化，为最优地捕获产业创新生态系统外部的知识扩散水平，产业创新生态系统的价值创造随着产业创新生态系统外部的知识扩散呈倒“U”形变化，应在创新产品生产、系统同质知识累积度增加、系统异质知识差异度增加三个方面以相同的增长率进行投资。

式（5－14）和式（5－16）说明产业创新生态系统应将系统同质知识累积度和异质知识差异度保持一定比例，同质知识累积度增加的投资与异质知识差异度增加的投资也保持一定比例，这也是呈现倒“U”形变化的原因：当产业创新主体间的同质知识累积度较低时，由于知识的冗余少、缺乏对共同的价值创新导向，创新主体间难以进行有效的沟通和协调，异质知识也无法发挥全部的效用。因此，适时捕获产业创新生态系统外部的知识能量十分重要，在增加产业创新主体同质知识存量的同时，必然会增加产业创新生态系统的价值创造；但是，捕获外部的知识能量要适度，当产业创新主体间的异质知识差异度较低时，产业创新生态系统内部将出现严重的同质化，产业创新主体创造价值的能力较弱，进一步捕获外部知识能量只能降低产业创新生态系统的价值创造。因此，产业创新生态系统的价值创造需要平衡好同质知识累积度和异质知识差异度，以保证知识势能的最大化。

为了进一步验证以上数理模型的可靠性，下文围绕图 5－1 和上述机理分析进行实证研究。

## 第二节　知识势能影响产业创新价值累积的实证分析

### 一、研究样本

基于长期以来对产业创新生态系统的关注和研究，以及多次深入京津冀地区产业集群内部进行走访调研，本书最终选取了北京和天津两地的信息传输、互联网、软件服务行业进行调查取样，主要有以下方面的考虑：

首先，从产业总体发展情况来看，北京和天津的软件和信息服务业在互联网相关的信息服务和数据服务企业快速发展的带动下，持续保持良好的发展态势，呈现出“量质齐增、创新活跃、潜力强劲”的发展特点。2018 年，北京市软件和信息服务业全行业实现增加值 3859 亿元，同比增长 19%，增速居各行业之首；天津市软件和信息服务业全行业实现增加值 1633 亿元，同比增长 20.7%，其中以云计算、大数据、互联网等新兴领域为代表的信息技术服务收入增长较快，达到 1239 亿元，占总收入的 75.8%，同比增长 29%，软件产品和嵌入式软件收入分别达到 365 亿元和 29 亿元。

其次，从资本驱动产业省级发展来看，人工智能、共享经济、新一代互联网等领域成为投资热点。2018 年，北京市有 34 家中国软件业务进入前百家企业，32 家入选中国互联网企业百强，42 家入选 2018 中国软件和信息技术服务综合竞争力百强企业。天津市在工业 APP 领域，中国汽车技术研究中心有限公司、沃德电力有限公司、天锻压力机有限公司等 7 家企业获批工业信息部工业互联网 APP 优秀解决案例，位列全国第 2 名。在大数据领域，中科曙光、国家超算天津中心、天津南大通用数据技术股份有限公司 3 家企业获批 2018 年国家大数据试点示范项目。58 同城、云账户、中科曙光、天津通卡智能网络科技股份有限公司、紫光测控有限公司 5 家企业项目入选 2019 年国家大数据优秀案例和解决方案，位列全国第 4 名。

最后，从调研可行性来看，北京和天津的邻近性为本书问卷调查的展开提供了方便，使本书调查问卷在确定变量测量题项、问卷初试与修订等环节中，能够及时有效地与地方集群内的行业专家和企业经营管理者进行沟通交流，提升了问卷设计开发工作的效率。同时，交通的便利也为进行多次走访调研、及时回收发放调查问卷提供了可能。

因此，本书主要针对北京和天津两地的信息传输、互联网、软件服务行业进行调查取样，选择包括中科曙光（北京、天津）、天津广播电视台、网易新闻（北京、天津）、未来电视（北京、天津）、今日头条（天津）、去哪儿（北京）、美团（北京）、京东（北京）等在内的共18家企业，调查对象选择各企业中层及以上职位的管理人员。本书于2019年5月3日开始对目标对象发放网络问卷，共回收268份问卷。通过“问卷星”系统的无效问卷排查功能和人工核查，排除了部分无效问卷，最终得到有效问卷198份，有效率近74%，样本分布如表5-1所示。

表5-1 知识势能样本分布情况统计

| 控制变量 | 题项 | 频率 | 占比（%） |
|---|---|---|---|
| 企业成立年限 *Ag* | 2年以下 | 20 | 10.1 |
| | 2~5年 | 46 | 23.2 |
| | 6~10年 | 74 | 37.3 |
| | 11~20年 | 40 | 20.2 |
| | 21~30年 | 10 | 5.0 |
| | 30年以上 | 8 | 4.0 |
| 企业规模 *Sc* | 小于10人 | 6 | 3.0 |
| | 10~50人 | 12 | 6.0 |
| | 50~100人 | 12 | 6.0 |
| | 100~500人 | 86 | 43.4 |
| | 500~1000人 | 34 | 17.2 |
| | 1000人以上 | 48 | 24.2 |
| 企业地理位置 *Lo* | 北京 | 114 | 57.6 |
| | 天津 | 84 | 42.4 |
| 企业所属产业 *IP* | 电信、广播电视和卫星传输服务业 | 48 | 24.2 |
| | 互联网和相关服务业 | 122 | 61.6 |
| | 软件和信息技术服务业 | 38 | 19.2 |

对外部知识扩散的测度借鉴Vissers和Dankbarr（2014）研究中“经常免费或低成本获得新技术”“经常免费或低成本引入新产品”“经常免费或低成

本获得新工艺”“经常免费或低成本获取行业技术发展趋势的信息”“经常免费或低成本获取管理技能和经验”五个题项来测量[①]；对同质知识累积度的测度借鉴耿帅（2005）[②] 文献中“同质资源”和“同质资源刚性”的概念，由“长期以来贵企业的经营思路与本地同行业企业相一致”“本地企业在产品生产和技术研发方面有共同的特色”“本地的企业相互之间形成了配套与分工的合作体系”“本地企业产品生产的工艺日趋相似”四个题项来测量；对异质知识差异度的测度包括“本地企业获取关键技术的途径不一样”“本地企业的产品销售渠道和销售方式不一样”“贵企业能够受益于其他企业资源的多样性和异质性”“本地企业的境外合作伙伴不一样”四个题项；价值累积的测度参考了李庆满等（2013）的调查量表，采用了“创新种群新产品数或申请的专利数逐年增加”“创新种群新产品产值占销售总额的比重日益增加”“创新种群新产品的开发速度逐渐加快”“创新种群创新产品的成功率相对提高”四个题项[③]。

将被调查产业的产业因素、政府因素以及与科研院所的互动因素设定为需要加以控制的因素。产业因素有“行业的竞争程度较高”等六项问卷；政府因素有“政府大力支持地方产业园区的建设”等三项问卷；与科研院所的互动因素有“本地诸多企业与相关科研院所经常进行产学研合作”等五项问卷。另外，将被调查企业的年龄、规模、行业性质、所在区位和研发投入也作为控制变量引入，其中令企业的年龄、规模和研发投入为常规变量，令行业性质和所在区域为虚拟变量。在实际调查中，采用了七分度的李克特式量表法对变量进行定义和测量。

---

① Vissers G，Dankbaar B. Starting Up and Growing Stronger：Life Lessons From a Biotechnology Company［J］. Management & Organizational History，2014，9（1）：45－68.

② 耿帅．基于共享性资源观的集群企业竞争优势研究［D］．浙江大学，2005.

③ 李庆满，金彦龙，杨皎平．集群内部竞争对企业技术创新的双向影响［J］. 研究与发展管理，2013，25（2）：10－19.

## 二、信度与效度分析

研究获取的数据为横截面数据，因此只需考虑是否满足内在信度的要求，采用 Cronbach 的一致性系数（α 系数）来考察样本数据的内在一致性，结果如表 5-2 所示。可以看出，所有变量的 Cronbach'a 值均大于 0.7，说明本调查问卷获取的数据内部一致性较好，即问卷具有较高的信度。

此外，本书在借鉴国内外成熟的相关研究量表的基础上，通过实地调研、专家咨询和深度访谈获取资料，在预调查的基础上进行反复修改，保证了问卷的内容效度。本书采用因子分析方法来检验聚合效度，4 个变量的 KMO 值均大于 0.7（见表 5-2），而且各观测变量的因子载荷均大于 0.5，因此问卷具有显著的聚合效度。

**表 5-2　知识势能信度和效度分析**

| 指标 | 度量题项 | Cronbach'a | KMO | 内容效度 |
|---|---|---|---|---|
| 外部知识扩散 *KD* | $KD_1$：学习到行业外部先进的技术而获益 | 0.988 | 0.942 | 0.895 |
| | $KD_2$：学习到行业外部先进的产品开发技能而获益 | | | 0.882 |
| | $KD_3$：学习到行业外部先进的市场开发技能而获益 | | | 0.918 |
| | $KD_4$：学习到行业外部先进的运营管理技能而获益 | | | 0.913 |
| 同质知识累积 *KH* | $KH_1$：长期以来贵企业的经营思路与本地同行业企业相一致 | 0.986 | 0.876 | 0.945 |
| | $KH_2$：本地企业在产品生产和技术研发方面有共同的特色 | | | 0.922 |
| | $KH_3$：本地的企业相互之间形成了配套与分工的合作体系 | | | 0.945 |
| | $KH_4$：本地企业产品生产的工艺日趋相似 | | | 0.935 |
| 异质知识差异 *KN* | $KN_1$：本地企业获取关键技术的途径不同 | 0.957 | 0.849 | 0.882 |
| | $KN_2$：本地企业的产品销售渠道和方式不同 | | | 0.886 |
| | $KN_3$：贵企业能够受益于其他企业资源的多样性和异质性 | | | 0.951 |
| | $KN_4$：本地企业的境外合作伙伴不同 | | | 0.789 |
| 价值累积 *EA* | $EA_1$：集群产品数或申请的专利数逐年增加 | 0.891 | 0.869 | 0.963 |
| | $EA_2$：集群新产品产值占销售总额的比重日益增加 | | | 0.961 |
| | $EA_3$：集群新产品的开发速度逐渐加快 | | | 0.962 |
| | $EA_4$：集群创新产品的成功率相对提高 | | | 0.941 |

被调查企业的年龄 *Ag* 用成立至今的年数测度，规模 *Sc* 用员工数的自然对数来测度，研发投入 *II* 用研发投入占销售收入的比重来测度，行业性质 *IP* 用2个虚拟变量表示3个行业，所处区位 *Lo* 用1个虚拟变量表示2个区位。

## 三、多元回归分析

根据研究假设公式（5－1）建立4个回归模型，并将 *KH*、*KN*、*EA* 进行平移运算（使最小值大于1），然后建立回归模型5，采用 Eviews 分别进行回归分析，结果如表5－3所示。

**表5－3 知识势能回归检验结果**

| | 模型1 | 模型2 | 模型3 | 模型4 | 模型5 |
|---|---|---|---|---|---|
| | *KH* | *KN* | *EA* | *EA* | *lnEA* |
| *Ag* | 0.117* | 0.098* | 0.037 | 0.032 | 0.023 |
| *Sc* | 0.092* | 0.054 | 0.144* | 0.107* | 0.084* |
| *II* | 0.104* | 0.175* | 0.085 | 0.076 | 0.051 |
| $IP_1$ | −0.116* | 0.043 | −0.162** | −0.143** | −0.102** |
| $IP_2$ | 0.154 | −0.072 | 0.113* | 0.104* | 0.071* |
| $LO_1$ | −0.194* | 0.114* | −0.153* | −0.129* | −0.093** |
| $LO_2$ | 0.037 | 0.021 | 0.067 | 0.053 | 0.031 |
| *KD* | 0.318*** | −0.223** | | 0.196** | 0.092 |
| $KD^2$ | | | | −0.104* | −0.015 |
| *lnKH* | | | | | 0.102* |
| *lnKN* | | | | | 0.187* |
| *Adjust* $R^2$ | 0.518 | 0.117 | 0.671 | 0.704 | 0.724 |
| *F* | 96.753 | 15.855 | 20.167 | 21.168 | 97.022 |
| *DW* | 1.868 | 2.142 | 1.827 | 2.201 | 1.899 |

注：***表示在0.01水平上统计显著，**表示在0.05水平上统计显著，*表示在0.1水平上统计显著。

从表5－3中可以看出，模型1中参数 $\gamma_1>0$，并具有显著性，即 $H_{P1}$ 得到验证，产业创新生态系统外部的知识扩散可以被产业创新主体捕获成为同质知识，从而增加产业创新生态系统同质知识的存量。可以认为，在产业创新主体的发展过程中，当外部的产品研发、经营管理方面的方法或技巧被引入该产业，产业创新生态系统外部的知识扩散效应会使这种方法或技巧很快地传遍该产业的每个角落，被捕获的知识能量成为产业创新生态系统中的公共产品。

模型 2 中参数 $\nu_1 < 0$，并具有显著性，即 $H_{P2}$ 得到验证，产业创新生态系统外部的知识扩散降低了产业创新主体间的异质知识差异度，会导致产业创新生态系统中的知识同质化。可以认为，由于产业创新生态系统中的创新主体同时捕获外部知识能量，其创新产出和服务将出现严重的同质化。这主要是由于在创新主体能够以较低的成本捕获外部知识的情况下，其知识创造和创新的主动性将大幅下降，从而导致产业创新主体之间的知识多样性下降。

模型 3 只有控制变量而未加入解释变量，并具有显著性；模型 2 在模型 1 的基础上加入产业创新生态系统外部的知识扩散 $KD$ 和其二次方 $KD^2$ 项，$KD$ 一次项系数 $a_1$ 为正，不具有显著性，$KD^2$ 二次项系数 $a_2$ 为负，具有显著性，即 $H_{P5}$ 得到验证，说明了产业创新生态系统外部的知识扩散倒“U”形影响产业创新生态系统的价值创造。可以认为，产业创新生态系统外部的知识扩散与产业创新生态系统价值创造的倒“U”形关系的主要原因，在于产业创新主体对同质知识累积度和异质知识差异度的调节作用是标准化与差异化管理模式的动态均衡。

模型 4 中参数 $b_1 > 0$、$b_2 > 0$，并均具有显著性，即 $H_{P3}$ 和 $H_{P4}$ 得到验证，说明产业创新生态系统中的知识势能受到同质知识累积度和异质知识差异度的正向影响。可以认为，产业创新生态系统的同质知识累积水平的提高，使价值创造突破了产业创新主体差异化的限制，进而加快了产业创新生态系统中的价值交互；产业创新主体的异质知识差异水平的提高，使价值流动突破了产业创新主体同质化的限制，进而加快了产业创新生态系统中的价值创造。

## 第三节 基于苹果公司案例的证据判断

### 一、案例描述

苹果公司在高科技企业中以创新而闻名，设计并全新打造了 iPod、Watch、iTunes、Mac 笔记本电脑和台式电脑、OSX 操作系统以及革命性的 iPhone 和 iPad，是国际科技创新的典型代表。

苹果公司创立于 1976 年，总部位于加利福尼亚州的库比蒂诺，是美国的一家高科技公司。最初的苹果公司产品为 Apple Ⅰ和 Apple Ⅱ，在电脑界被广泛誉为缔造家庭电脑市场的产品，到 20 世纪 70 年代末已售出数万部，其开发出的“显示器 + 键盘 + 鼠标”模式创新更是在当时取得了巨大的成功，一直沿用至今。

20 世纪 80 年代初，苹果电脑由于没有得到足够的软件开发商的支持，败给了电脑业巨头 IBM。市场激烈的竞争导致苹果公司迎来了其发展的低谷期，Lisa 和 Macintosh 计划都未能使其重回先前最辉煌的水平。在之后几年，苹果公司的业务不断衰退，直到史蒂夫·乔布斯重回苹果公司。

2000 年，苹果公司推出 iPod 数码音乐播放器大获成功。配合其独家的 iTunes 网络付费音乐下载系统，iPod 一举击败索尼公司的 Walkman 系列而成为全球占有率第一的便携式音乐播放器。从 2007 年起，苹果公司开始推出手机，其研发的多触点操作方式颠覆了手机原有的定义，改变了手机传统功能，再一次震惊世人。自 2008 年起，苹果公司开始实施由 APP Store 统一管理苹果手机各个软件的销售与运营的策略。在这种策略的支持下，研发者能够更加专注于应用软件的开发。通过 APP Store 可以使苹果公司认可的软件直接供全球的用户使用，避免了研发者与移动通信运营商进行协商的成本，并能使开发商通过这一应用平台获得更多的利益。自此，iPhone 突破了移动平台四分五裂的销售模式，构建起包含研发者①、运营商、投资人和竞争对手等主体在内的利益共享的生态系统。

苹果公司将擅长开发低功耗芯片的 P. A. Semi 半导体公司收购，实现了其自主设计和开发芯片的目的，把三星和英特尔排除在苹果公司的生态系统之外。同时，苹果也在开发平台做出了一些限制，建立了严密的软件筛选机制，并特别规定第三方程序不得引入自身的 Framework 和 API，这阻止了 Sun 公司针对 iPhone 开发的 Java 虚拟机的计划。这些都为苹果公司基于 iPhone/iTunes/SDK 建立的生态系统圈奠定了领地基础，设置了坚实的保护墙。

2012～2015 年，苹果公司连续四年成为全球市值最大的公司。在宏盟集团 2013 年和 2014 年的“全球最佳品牌”报告中，苹果公司分别超过可口可乐和谷歌成为世界最有价值的品牌。2017 年，《财富》期刊发布了最新的美国 500 强排行榜，营收排名第三的苹果公司在利润方面超过了沃尔玛和伯克希尔·哈撒韦公司的总和，位列利润榜榜首，成为最赚钱的美国 500 强公司。

## 二、案例分析

产品和平台在苹果公司的创新生态系统中起着举足轻重的作用，它将苹果公司的同质知识创造价值活动和异质知识创造价值活动联系在一起，从而将内部和外部资源整合起来，共同为顾客提供由完美的产品和丰富的内容服务组成的整体解决方案，如图 5－2 所示。

① 在“苹果”的创新生态系统中有两类关键人物：一类是新产品新技术的开发者；另一类是新产品新技术的体验和消费者。而且很多人同时既是狂热的消费体验者，又是痴迷的产品开发者，他们的共同特征是对以“苹果”为主导的技术和产品方向的高度依赖和强烈崇拜。

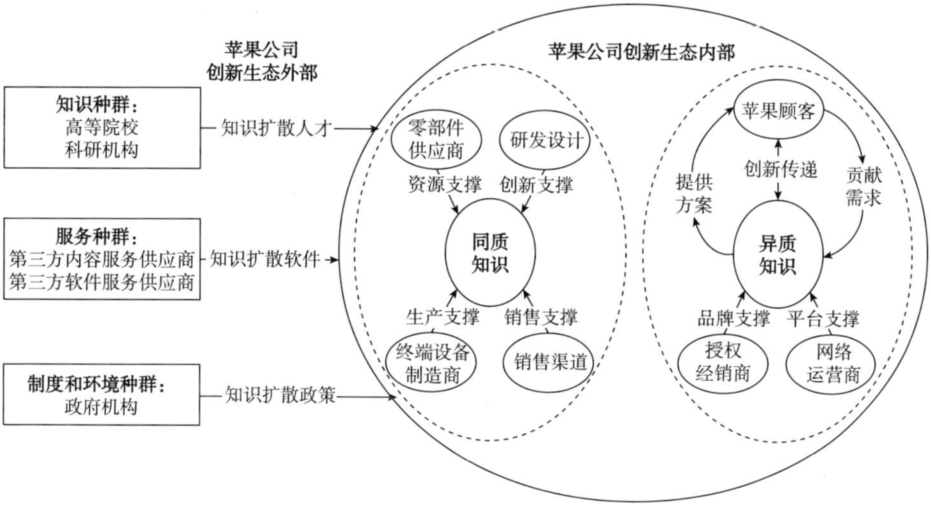


图5－2　苹果公司的价值累积逻辑

1. *以同质知识为核心的硬件创新生态*

不论是苹果公司的老牌产品 Mac 电脑，还是新推出的 iPhone、iPod、iPad 等移动端，产品都是其与外部企业发生联系的“接口”。苹果的产品主要来自世界 10 家科技公司，包括液晶显示面板（LG）、富士康（代工）、三星（内存和其他元件）、中央处理器（Intel）、显卡（Nvida）、显卡（AMD）、WiFi 芯片（Broadcom）、基带芯片（Infineon）、处理器架构设计（ARM）和固态硬盘（Seagate）。这些科技公司中不乏直接竞争和间接竞争关系。

苹果公司并不是单纯地采用其他厂商的设备，而是在控制核心技术和专利持有的情况下，更加注重产品的设计创新和技术变革，以完美的产品吸引不同行业的大量合作伙伴积极参与构建其硬件创新生态系统。在这种以产品为核心的硬件创新生态系统的支撑下，其他任何一种产品都无法与 iPhone 匹敌。核心技术对创新生态系统的主导作用成为苹果公司硬件创新生态的重要特征。针对以个人电脑以及 iPhone、iPod、iPad 为代表的移动端设备，苹果公司控制了产品研发的核心技术段以及产品利润率最高的设计、渠道和销售环节，并通过硬件合作伙伴的生态系统联结以技术组建的供应商生态系统架构，实现了以公司核心技术与商业模式运作为基础的封闭式的硬件创新生态系统。

2. 以异质知识为核心的软件创新生态

苹果公司在成功推出 iPhone 智能手机之后，又建立了 App Store 作为提供 iPhone 终端内容服务产品的创新平台，其软件创新生态系统主要由苹果公司、开发者和用户三个主体构成。在该创新生态系统中，苹果公司掌握了开发和管理权，是平台创新的掌控者，主要提供平台和开发工具包①，负责应用的营销工作，对用户进行收费，再按月结算给开发者。开发人员负责应用程序的开发，也允许将软件在 App Store 上销售，开发者可以自由定价，销售收入和苹果公司三七分成，无须缴纳任何的管理、账目、挂载费用。

苹果推出的 App Store 已经成为行业人士解读苹果成功秘诀的重要分析要点，并且引来不少期望在移动互联网领域大展身手的企业跟风推出类似平台，但由于缺乏对创新生态的深刻理解，大都乏善可陈。从软件创新生态的视角来看，App Store 的成功之处在于将广大应用程序的开发者都纳入整个价值链中，通过经常公开一些数据分析资料，帮助开发者了解用户最新的需求点，并提供指导性的意见。

由此可见，苹果公司通过打造同质知识的硬件创新生态和异质知识的软件创新生态创造了价值，使其成为全球的科技创新先锋。

## 本章小结

本章将“知识势能”分解为“同质知识累积度”和“异质知识差异度”

① 开发工具包 SDK（Software Development K 信息技术）是由苹果公司发布并提供免费下载的，便于第三方应用开发商开发针对 iPhone 的应用软件，为全世界有想法的程序员和公司提供了一个方便而又高效的商业平台，降低了开发人员所负担的费用。

两个维度，认为其对产业创新生态系统的价值累积均具有促进作用。但是，产业创新生态系统外部的知识扩散对产业创新主体的同质知识累积度和产业创新主体间知识差异度的影响却是截然相反的。数理模型和实证分析的结果表明，产业创新生态系统的同质知识累积度和异质知识差异度存在一个最优的比例，高于这个比例或低于这个比例都不利于产业创新生态系统的知识创新和可持续发展，因此系统外部知识扩散与产业创新生态系统的价值累积存在倒“U”形关系。

# 第六章

# 知识动能的模型构建与价值流动的机理分析

本章从“知识动能”维度解释产业创新生态系统中的价值流动逻辑，构建了基于“组织惯例”和“知识忘却”的“知识动能”研究模型，验证了“知识势能”与“知识动能”间的转化形成价值流动的过程机理。

## 第一节　知识动能的研究框架与模型构建

从前文的研究中可知，知识能量惯例导致了产业创新主体创新行为的非随机性变化。开放的产业创新生态系统中涉及众多产业创新主体的知识交互以共创价值[①]。产业创新主体学习与反哺知识的过程决定了知识交互是影响产业创新生态系统知识能量惯例的主要变量。但是，从产业创新主体的意愿来看，被动形成组织惯例和主动忘却组织惯例对价值累积存量的影响功效是不同的。因

① Radziwon A, Bogers M. Managing SMEs' Collaboration Across Organisational Boundaries Within a Regional Business Ecosystem [M]. Singapore: World Scientific Publishing, 2018.

此，有必要对“知识势能”与“知识动能”间转化的价值轨迹进行分析。

## 一、知识动能

产业创新生态系统是动态系统，以知识共享为目的的知识交互在产业创新生态系统中具有重要意义①，以组织愿景和合作意愿为依托的产业创新主体间相互学习的动机是促进知识共享成功的关键因素②。知识交互引致的价值流动提升了产业创新生态系统的运行能力，这进一步促进和巩固了价值流动映射出的生态能量学特征。产业创新主体间通过对同质知识进行相互学习，反哺了被学习方的价值惯例；产业创新主体间通过对异质知识的相互学习，忘却了产业创新主体的价值惯例。那么，价值惯例在产业创新生态系统中是由于学习而具有的能量，对应了物理学中“动能是指物体（或系统）由于机械运动而具有的能量”的理论。因此，本书将“知识动能”定义为产业创新生态系统中的产业创新主体共同形成的价值惯例。产业创新主体能够通过相互学习产生知识能量依赖，为产业创新主体可持续的创新提供路径。

需要指出的是，知识动能通过动态环境中的跨组织知识交互提高知识能量流动，有助于产业创新主体通过学习强化组织惯例，进而形成产业创新生态系统整体的有价值而不可替代的动态能力。而与产业创新生态系统情境不匹配的组织惯例将引致产业创新活动产生不利后果，产业创新主体可以通过主动忘却知识舍弃部分组织惯例，以确保在不同情境下知识能量具有一定的流动能力，进而通过反哺形成产业创新生态系统整体的有价值而不可替代的动态能力。因此，本书同样从程度上定义，认为“被动组织惯例度”是产业创新主体通过学习而形成的产业创新生态系统整体所共有的组织惯例程度，用 KT 表示；“主动知识忘却度”是产业创新主体通过反哺而形成的产业创新生态系统整体

---

① Milagres R, & Burcharth A. Knowledge Transfer in Interorganisational Partnerships: What Do We Know? [J]. Business Process Management Journal, 2019, 25 (1): 27 – 68.

② Simonin B L. An Empirical Investigation of The Process of Knowledge Transfer in International Strategic Alliances [J]. Journal of International Business Studies, 2004, 35 (5): 407 – 427.

所忘却的组织惯例程度，用 *KF* 表示。“知识势能”和“知识动能”的转化决定了产业创新生态系统中价值流动的规律，既是知识能量空间中的知识能量从“无序”到“有序”的流动过程，又是SECI循环中的知识能量从“混沌无序”到“路径依赖”的集成过程。

## 二、研究框架

产业创新生态系统中的价值流动是知识能量空间中“知识势能”和“知识动能”的转化。

$H_{D1}$：同质知识累积度与价值流动之间存在正向相关关系；

$H_{D2}$：异质知识差异度与价值流动之间存在负向相关关系。

产业创新主体作为知识创造价值的行为主体，在产业创新生态系统整体未达到创新的最优绩效前，同质知识和异质知识均会对欠优的价值创造产生影响：一方面，通过对同质知识的整合，创造高度集成化的知识体系，这种适合知识交互且极其类似的集成化知识体系为价值流动提供了良好基础；另一方面，高度异质的知识进行交互的困难远远大于同质知识①，异质的产业创新主体更难以有效流出或流入知识创造的价值。

$H_{D3}$：被动组织惯例度与价值流动之间存在负向相关关系；

$H_{D4}$：主动知识忘却度与价值流动之间存在正向相关关系。

产业创新生态系统的价值惯例是动态变化的，是产业创新主体学习路径与创新行为之间的互动作用，组织惯例和知识忘却均会对价值创造的路径产生影响：一方面，产业创新生态系统中的组织规范、规则和运作模式有助于产业创新生态系统维持相对稳定，使价值流动产生惰性②；另一方面，既有的组织惯例已不能针对产业创新行为的不确定性提供有效的应对方式，需要产业创新主

① Narteh B. Knowledge Transfer in Developed - developing Country Interfirm Collaborations: A Conceptual Framework [J]. Journal of Knowledge Management, 2008, 12 (1): 78 - 91.

② 林海芬，尚任．组织惯例对组织创新的悖论性作用机理研究［J］．南开管理评论，2020，23 (1)：62 - 74.

体主动忘却部分产业组织知识和行为方式，以此应对外部环境非连续性变化导致的产业创新生态系统危机，价值流动在此过程中产生了主观能动性①。

$H_{D5}$：同质知识累积度对被动组织惯例度具有正向影响；

$H_{D6}$：异质知识差异度对被动组织惯例度具有负向影响。

产业创新主体的被动组织惯例主要表现为组织模式的固化（组织惰性），是产业创新主体在捕获系统外部知识的过程中因同质知识的路径依赖导致的"双重锁定"：一方面表现为产业创新生态系统外部的技术环境、制度环境和文化环境对内部环境选择的锁定，产业创新生态系统可持续发展的前提是适应外部环境的要求，产业创新主体的同质化导致组织惯例的进一步加强；另一方面表现为技术、制度和观念耦合所导致的锁定，产业创新主体发展的前提是在适应外部环境的基础上有所创新，是获得竞争优势的条件，但基于异质知识高度差异的产业组织模式最终束缚了强化组织惯例的能力②。

$H_{D7}$：同质知识累积度对主动知识忘却度具有负向影响；

$H_{D8}$：异质知识差异度对主动知识忘却度具有正向影响。

产业创新主体的主动知识忘却主要表现为组织模式的变革（克服组织惰性），是产业创新主体在捕获系统外部知识的过程中因异质知识的冲击导致的"双重突破"：一方面表现为产业创新主体敏锐地感知环境变化、发现市场机会，及时地捕获存在于产业创新生态系统外的异质知识，迅速地忘却组织惯例并协调资源，从而在最短的时间内建立起竞争优势；另一方面表现为产业创新主体渐进地感知环境变化、发现市场机会以及渐进地忘却组织惯例的同时进一步强化了同质知识累积的组织惯例，在变革收益小于变革成本的情境下逐渐丧失了知识忘却的主动性。

为了验证上述假设，令产业创新生态系统外部的价值流动为 *EF*，同质知

① 刘意，谢康，邓弘林．数据驱动的产品研发转型：组织惯例适应性变革视角的案例研究［J］．管理世界，2020，36（3）：164－183.

② 白景坤．组织惰性的生成与克服研究［D］．东北财经大学，2009.

识累积度为 $KH$，异质知识差异度为 $KN$，被动组织惯例度为 $KT$，主动知识忘却度为 $KF$，然后根据研究框架设定以下回归模型：

$$EF=\kappa_0+\kappa_1KH+\kappa_2KN+\kappa_3KT+\kappa_4KF+\varepsilon$$

$$KN=\mu_0+\mu_1KH+\mu_2KN+\varepsilon$$

$$KF=\theta_0+\theta_1KH+\theta_2KN+\varepsilon \tag{6-1}$$

其中，$H_{D1}$对应 $\kappa_1>0$，$H_{D2}$对应 $\kappa_2<0$，$H_{D3}$对应 $\kappa_3<0$，$H_{D4}$对应 $\kappa_4>0$，$H_{D5}$对应 $\mu_1>0$，$H_{D6}$对应 $\mu_2<0$，$H_{D7}$对应 $\theta_1<0$，$H_{D8}$对应 $\theta_2>0$，理论模型框架如图 6－1 所示。

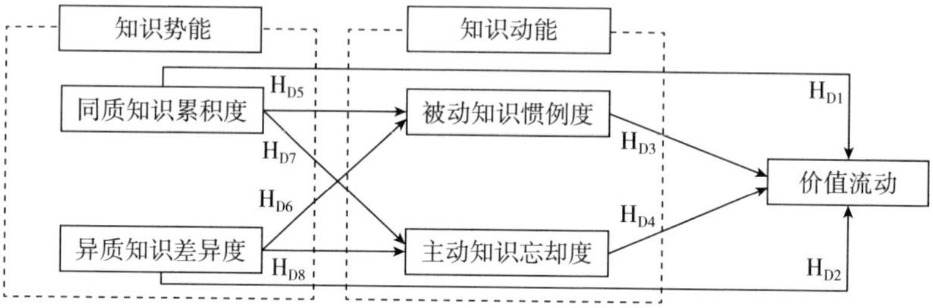


**图 6－1　价值流动的研究框架**

## 三、模型构建

本书是以知识势能模型为研究基础的，因此在数理分析时，需要建立知识动能函数。本书在万有引力定律的基础上建立知识势能与知识动能间的转化函数（蒋军锋，2007），进而提出以下模型假设：

第一，假设知识创造的价值在产业创新生态系统中具有惯性，则以产业创新主体为载体的知识本身在知识能量空间中具有拟惯性质量，即价值惯例。

第二，假设知识创造价值的过程是知识在产业创新生态系统的知识能量空间中围绕价值惯例中心进行的轨道圆周运动①，从而产生知识势能和知识动能。

第三，知识在产业创新主体中的有序程度是不一致的，因而其对应的知识

① 史丽萍，唐书林．基于玻尔原子模型的知识创新新解［J］．科学学研究，2011，29（12）：1797－1806.

能量空间的有序程度也是不一致的；由于产业组织多样性的存在，知识能量空间从几何性质上来说是立体的，知识作为有结构特征的矢量因而不能在不同的知识能量空间中平行流动，不同知识能量空间之间流动的是对应知识的能量，并为产业创新主体之间的价值流动所测度，即价值流动。

第四，令 $e_i^{jl}$ 为知识 $i$ 在产业创新主体 $j$ 中的知识势能数值，$e_i^{jl}=GM^j m_i^j h$。其中，$G$ 为知识能量空间与知识之间作用的普适拟引力常数，$M^j$ 是该产业创新主体 $j$ 的价值惯例量度特征（由处于该产业创新生态系统中的产业组织特征所决定），$m_i^j$ 为该知识能量空间赋予该知识的拟引力质量（等同于惯性质量），$h$ 表示知识 $i$ 与产业创新主体 $j$ 引力中心的距离。

第五，令 $e_i^{jd}$ 为知识 $i$ 在产业创新主体 $j$ 中的知识动能数值，$e_i^{jd}=\frac{(m_i^j v_i^j)^2}{2m_i^j}$。其中，$v_i^j$ 为产业创新主体 $j$ 中知识 $i$ 的速度，服从张量（矢量）运算规则；$m_i^j$ 为该知识能量空间赋予该知识的拟惯性质量（等同于引力质量）。

根据上述假设，得到产业创新主体的知识能量函数为：

$$e_i^j=e_i^{jl}+e_i^{jd}=GM^j m_i^j h+\frac{(m_i^j v_i^j)^2}{2m_i^j} \tag{6-2}$$

知识 $i$ 所受到的产业创新主体 $j$ 的广义引力作用为：

$$F_i^j=\frac{GM^j m_i^j}{h^2} \tag{6-3}$$

其中，$T^j$ 表示创新产业创新主体 $j$ 的知识能量空间的无序程度，$S$ 表示知识能量空间的熵值，那么产业创新主体 $j$ 此时具有的知识能量状态可以由下式表示：

$$E^j=T^j S \tag{6-4}$$

对式（6-4）两边同时微分，得到产业创新主体的知识能量变化量：

$$dE^j=T^j dS+SdT^j \tag{6-5}$$

可以看出，当该产业创新主体时没有继续进行知识创新活动时，则 $dE^j=SdT^j$。产业创新主体停止进行知识创新活动，从而产业创新主体知识能量空间的有序性不会发生变化，此时产业创新主体在价值流动过程中得到的能量必然转化为其他形式的能量，即知识能量状态的改变与产业创新主体知识能量空间的有序性紧密相关，这也是同样的知识在不同的产业创新主体中可以得到不同经济收益的根本原因。同样，当该产业创新主体继续进行知识创新活动，但是不对外流出价值，则 $dE^j = T^j dS$。此时的产业创新主体所有接受的价值流入都用于提高对应知识能量空间的熵的测度，产业创新主体对应的知识势能在理论上增加，产业创新主体知识能量空间的有序性提高，但是，价值流出的滞后性、知识能量空间的有序性不会通过耗散掉对应的熵来达到，而与此相反，知识能量空间会陷入高度无序状态。

进一步地，在产业创新生态系统中，相互合作的产业创新主体的知识能量空间相互作用，其中所蕴含有的同质知识和异质知识的无规则碰撞不会导致动量的损失，产业创新生态系统整体的知识能量也不会损失，即满足：

$$\begin{cases} \sum_j \sum_i m_i^j v_i^j = const_p \\ \sum_j \sum_i \dfrac{(m_i^j v_i^j)^2}{2m_i^j} = const_e \end{cases} \tag{6-6}$$

以两个产业创新主体为例，则：

$$\begin{cases} m_1^1 v_1^1 + m_1^2 v_1^2 = m_1^1 v'^1_1 + m_1^2 v'^2_1 \\ \dfrac{(m_1^1 v_1^1)^2}{2m_1^1} + \dfrac{(m_1^2 v_1^2)^2}{2m_1^2} = \dfrac{(m_1^1 v'^1_1)^2}{2m_1^1} + \dfrac{(m_1^2 v'^2_1)^2}{2m_1^2} \end{cases} \tag{6-7}$$

式（6－7）中，$v'^j_i$ 表示产业创新主体中的知识 $i$ 通过价值流动后在知识能量空间 $j$ 中的运动速度，则价值流动过程中发生的能量变化为：

$$|\Delta e_i^j| = \left| \frac{(m_i^j v'^j_i)^2}{2m_i^j} - \frac{(m_i^j v_i^j)^2}{2m_i^j} \right| \tag{6-8}$$

在式（6－5）的基础上，产业创新生态系统整体的知识能量变化为：

$$\int_{T_1}^{T'_1} S\mathrm{d}T^j + \int_{S_1}^{S_2} T^j \mathrm{d}S = \sum_{i=1}^{n} \left\{ \frac{(m_i^j v'^j_i)^2}{2m_i^j} - \frac{(m_i^j v'^j_i)^2}{2m_i^j} \right\} \tag{6-9}$$

由于知识在知识能量空间中作圆周运动，则有：

$$\frac{mv^2}{r}=\frac{GMm}{r^2}\Rightarrow v^2=\frac{GM}{r} \qquad (6-10)$$

将式（6－10）代入式（6－2）得：

$$e_i^j=GM^jm_i^jh+\frac{GM^jm_i^j}{2h} \qquad (6-11)$$

从价值流动过程中发生的能量变化 $\Delta e_i^j$ 来看，假设存在两个产业创新主体。在产业创新主体 1 与产业创新生态系统的知识能量空间之间进行价值流动的过程中，产业创新主体 1 所流出的价值由式（6－7）所决定，即 $\Delta e_i^1=\Delta e_i^n$；而根据式（6－6）可以得出 $m_1^1v_1^1>m_1^nv_1^n$，即随着知识动能减小和知识势能增大，产业创新生态系统中的价值流动速率下降。同样，对于产业创新生态系统的知识能量空间而言，跨组织价值流动使 $m'^n_1v'^n_1<m_n^1v_n^1$，而此时在产业创新主体 2 与产业创新生态系统的知识能量空间之间的价值流动的过程中，产业创新主体 2 所流入的价值由式（6－7）所决定，即 $\Delta e_i^2=\Delta e'^n_i$。由于产业创新生态系统的知识能量空间具有稳定的结构特征，因此必然满足 $\Delta e_i^1>\Delta e_i^2$。

可以认为，价值流动伴随着知识势能与知识动能间的相互转化。知识势能与对应产业创新主体知识能量空间的特定结构紧密相关，因而知识势能在本书框架内测度的是该知识在该产业创新主体内的有序性；相应地，知识动能可以看作是该知识在该产业创新主体知识体系中的无序性的度量。知识动能转化为知识势能的过程中，产业创新生态系统整体的知识能量是上升的；知识势能转化为知识动能的过程中，产业创新生态系统整体的知识能量是下降的。在这样的分析框架中，产业创新主体间的价值交互是以增大知识势能为前提的，但价值流动过程却是以知识势能转化为知识动能为途径。因此，在产业创新生态系统中，价值流入产业创新主体后其有序性提高，从而会逐渐形成某种特定的结构，其异质性由此产生。而伴随着产业创新主体异质性的产生，其在产业创新生态系统中的知识能量逐渐提高，从而可以获得竞争优势。

# 第二节 知识动能影响产业创新价值流动的实证分析

## 一、研究样本

本章进一步对信息传输、互联网、软件服务行业的198份有效问卷进行二次调研，总计回收问卷156份，对其中存在缺失、遗漏等的问卷进行剔除，有效问卷合计126份，占总发放问卷的63.6%，样本分布如表6-1所示。

**表6-1 知识动能样本分布情况统计**

| 控制变量 | 题项 | 频率 | 占比（%） |
|---|---|---|---|
| 企业成立年限 *Ag* | 2年以下 | 18 | 14.3 |
| | 2~5年 | 21 | 16.7 |
| | 6~10年 | 24 | 19 |
| | 11~20年 | 25 | 19.8 |
| | 21~30年 | 22 | 17.5 |
| | 30年以上 | 16 | 12.7 |
| 企业规模 *Sc* | 小于10人 | 12 | 9.5 |
| | 10~50人 | 31 | 24.6 |
| | 50~100人 | 33 | 26.2 |
| | 100~500人 | 19 | 15.1 |
| | 500~1000人 | 11 | 8.7 |
| | 1000人以上 | 10 | 7.9 |
| 企业地理位置 *Lo* | 北京 | 73 | 57.9 |
| | 天津 | 53 | 42.1 |

续表

| 控制变量 | 题项 | 频率 | 占比（%） |
|---|---|---|---|
| 企业所属产业 *IP* | 电信、广播电视和卫星传输服务业 | 41 | 32.5 |
| | 互联网和相关服务业 | 61 | 48.4 |
| | 软件和信息技术服务业 | 24 | 19 |

## 二、信度和效度分析

与前文原理相同，问卷的信度和效度分析结果如表6－2所示。

**表6－2　知识动能信度和效度分析**

| 指标 | 度量题项 | Cronbach'a | KMO | 内容效度 |
|---|---|---|---|---|
| 同质知识累积 *KH* | $KH_1$：长期以来贵企业的经营思路与本地同行业企业相一致 | 0.937 | 0.832 | 0.898 |
| | $KH_2$：本地企业在产品生产和技术研发方面有共同的特色 | | | 0.876 |
| | $KH_3$：本地的企业相互之间形成了配套与分工的合作体系 | | | 0.898 |
| | $KH_4$：本地企业产品生产的工艺日趋相似 | | | 0.888 |
| 异质知识差异 *KN* | $KN_1$：本地企业获取关键技术的途径不同 | 0.909 | 0.807 | 0.838 |
| | $KN_2$：本地企业的产品销售渠道和销售方式不同 | | | 0.842 |
| | $KN_3$：贵企业能够受益于其他企业资源的多样性和异质性 | | | 0.903 |
| | $KN_4$：本地企业的境外合作伙伴不同 | | | 0.750 |
| 被动组织惯例 *KT* | $KT_1$：贵企业具有规范、程序化的运营方式 | 0.937 | 0.832 | 0.898 |
| | $KT_2$：贵企业具有规则、习惯性的决策方式 | | | 0.876 |
| | $KT_3$：贵企业具有良好的组织结构、社会结构、实践结构和认知结构 | | | 0.898 |
| | $KT_4$：贵企业具有良好的组织环境共识、绩效期望共识和权力关系共识 | | | 0.888 |
| 主动知识忘却 *KF* | $KF_1$：贵企业能够主动舍弃、替换传统的运营方式 | 0.909 | 0.807 | 0.838 |
| | $KF_2$：贵企业能够主动应对产业环境非连续性变化产生的危机 | | | 0.842 |
| | $KF_3$：贵企业能够主抓住产业转型升级的机遇 | | | 0.903 |
| | $KF_4$：贵企业能够互动调整人力资本结构 | | | 0.750 |

续表

| 指标 | 度量题项 | Cronbach' a | KMO | 内容效度 |
|---|---|---|---|---|
| 价值流动 VF | $VF_1$：学习到行业内先进的技术而获益 | 0.939 | 0.895 | 0.850 |
| | $VF_2$：学习到行业内先进的产品开发技能而获益 | | | 0.838 |
| | $VF_3$：学习到行业内先进的市场开发技能而获益 | | | 0.872 |
| | $VF_4$：学习到行业内先进的运营管理技能而获益 | | | 0.867 |

Cronbach' a、KMO 和 Bartlett 球体检验结果显示，数据具有较高的信度与效度，而且可以利用因子分析将各量表中的项目合并为一个因子进行研究。从描述性统计分析可以看到，变量间相关水平的临界值都在 0.7 以下，可以认为数据不存在共线性现象。

## 三、多元回归分析

通过 SPSS 软件将 *VF*、*KH*、*KN*、*KT*、*KF* 五个指标降维为一个因子，然后对其进行平移化运算，使其最小值大于 1；控制变量 *Ag*、*Sc*、*Lo*、*IP* 分别用 $n-1$ 个虚拟变量表示，采用多元线性回归分析逐一增加变量得到表 6－3 所示的结果。

**表 6－3　知识动能回归检验结果**

| | 模型 1 | 模型 2 | 模型 3 | 模型 4 | 模型 5 | 模型 6 |
|---|---|---|---|---|---|---|
| | VF | VF | VF | VF | KT | KF |
| *Ag* | 0.117* | 0.098* | 0.037 | 0.032 | 0.023 | 0.047 |
| *Sc* | 0.092* | 0.054 | 0.144* | 0.107* | 0.084* | 0.154* |
| *II* | 0.104* | 0.175* | 0.085 | 0.076 | 0.051 | 0.095 |
| $IP_1$ | −0.116* | 0.043 | −0.162** | −0.143** | −0.102** | −0.172** |
| $IP_2$ | 0.154 | −0.072 | 0.113* | 0.104* | 0.071* | 0.123* |
| $Lo_1$ | −0.194* | 0.114* | −0.153* | −0.129* | −0.093** | −0.163* |
| $Lo_2$ | 0.037 | 0.021 | 0.067 | 0.053 | 0.031 | 0.077 |
| *KH* | 0.114* | | | | 0.021* | −0.127* |

续表

| | 模型 1 | 模型 2 | 模型 3 | 模型 4 | 模型 5 | 模型 6 |
|---|---|---|---|---|---|---|
| | *VF* | *VF* | *VF* | *VF* | *KT* | *KF* |
| *KN* | | -0.025* | | | -0.101* | 0.036* |
| *KT* | | | -0.031* | | | |
| *KF* | | | | 0.133* | | |
| *Adjust* $R^2$ | 0.518 | 0.117 | 0.671 | 0.704 | 0.724 | 0.824 |
| *F* | 96.753 | 15.855 | 20.167 | 21.168 | 97.022 | 96.422 |
| *DW* | 1.868 | 2.142 | 1.827 | 2.201 | 1.904 | 1.832 |

注：***表示在0.01水平上统计显著，**表示在0.05水平上统计显著，*表示在0.1水平上统计显著。

模型1、模型2、模型3和模型4以跨组织价值流动 $EF_{in}$ 为因变量，*KH*、*KN*、*KT*、*KF* 的系数分别验证了 $H_{D1}$、$H_{D2}$、$H_{D2}$ 和 $H_{D4}$；模型5和模型6分别以 *KT* 和 *KF* 为因变量，*KH* 和 *KN* 的系数分别验证了 $H_{D5}$、$H_{D6}$、$H_{D7}$ 和 $H_{D8}$。

# 第三节 基于IBM公司案例的证据判断

## 一、案例描述

被称为"蓝色巨人"的IBM（International Business Machines Corporation）是IT行业的先驱和领导者，始终引领着IT产业的发展潮流，并被视为美国科技实力的象征和国家竞争力的堡垒。随着信息技术的日新月异，作为世界主要计算机产品厂商之一，IBM早在1994年就开始将目光转向了服务领域。时至今日，IBM以服务和软件开发为发展方向的战略转型，不仅使曾经濒临困境的IBM重振雄风，再次成为行业的领导者，而且已被各IT巨头纷纷效仿，成为

IT 产业变革的新潮流。

20 世纪 40 年代后期，IBM 进入国际计算机市场，它的发展史就如同整个世界计算机产业发展的缩影。回顾 IBM 近百年的发展历程，大致可分为以下几个阶段：

20 世纪 50 年代是大型主机主宰计算机市场的阶段。IBM 耗资 52.5 亿美元，在 1964 年正式推出 IBM360 型系列计算机，IBM360 的成功带来了 IBM 公司在大型主机上的绝对领先地位，也造就了一个不容挑战的“电脑王国”。

20 世纪 60 年代，小型机市场蓬勃发展。IBM 虽然起初并未重视小型机的市场潜力，致使贻误战机，在竞争中陷入被动，但最终还是迎头赶上，其在计算机界的霸主地位依然坚如磐石。

20 世纪 80 年代，个人电脑（PC 机）时代的来临极大地改变了人们的工作生活方式，IBM 于 1982 ~ 1983 年推出 PC 机，并在 1982 ~ 1985 年成功地占领了 56% 的 PC 市场。但在 1985 ~ 1988 年期间，IBM 由于战略上的一些失误，如错误地认为 PC 机不会影响大型机，以及忽视了兼容机的市场潜力等，致使 IBM 在 PC 市场的份额逐年减少，尤其是进入 80 年代末，很多大型主机的客户纷纷转向小型机和 PC，同时计算机行业的竞争也日益加剧，使得 IBM 的盈利和市场占有率巨幅下跌，以至于到 1992 年，巨额的亏损已使这艘 IP 领域的航空母舰面临解体的危机。

20 世纪 90 年代进入网络系统电脑阶段。1993 年，郭士纳接手 IBM，开始对这家超大型跨国公司进行大刀阔斧的改革，并重新制定了 IBM 的发展战略，即从生产硬件转向提供服务和软件开发，这一成功的战略转型使 IBM 起死回生，并重执计算机世界之牛耳。

进入 21 世纪，IBM 与时俱进，于 2008 年在《智慧地球：下一代领导人议程》的演讲报告中正式提出了“智慧地球”的概念，计划将其研发的新一代信息技术充分运用到各个行业当中，对“物联网”进行重新整合，进而使人类能够将更加精细、灵活的管理方式运用到日常的生产和生活中，提高生产效率，提升生活质量。2015 年 6 月，IBM 宣布创建 OpenPower 的云服务（SuperVessel），作为同类首款云服务，向业务合作伙伴、广大开发者和大学学生提供免费的云服务，用于创新、开发和学习，以支撑不断增长的开放式创新生态系统。

IBM 的经营与管理一直以来都被业界广泛赞誉：一方面，凭借其先进的技术满足了世界上不同行业、不同企业用户对信息处理的多样化需求，走在全球信息产业的前沿；另一方面，其成功在很大程度上得益于对创新的重视，构建了以“协作”为中心的开放式和共享式创新生态。

## 二、案例分析

在 IBM 的整个创新过程中，其成功构建的开放式和平台式价值交互模式成为其战略制胜的关键，如图 6－2 所示。而在 IBM 的整个战略思想中，以组织惯例和知识忘却为导向成为其战略制定、业务开展的根本方向，引领 IBM 不断适应市场变迁，走向成功。

### 1. 以组织惯例为导向的平台式价值流动

Linux 市场快速发展的势头已经持续了 20 多年①。Linux 平台不仅成为越来越多企业运行关键性业务的新选择，还为企业大数据、云计算等新兴工作负载注入了强大的生命力。Gartner 公司的研究显示，预计到 2018 年，开源关系型数据库管理系统（OSDBMS）将会支持超过 70% 的新企业应用开发，并将替代 50% 的商业关系型数据库管理系统实例。然而，由于传统 x86 架构在安全性、稳定性及大规模处理等方面的不足，企业亟须一个更为领先的基础架构选择，以最大限度地挖掘开源应用的潜力。

因此，IBM 的关键业务 Power 平台选择开源 Linux 就成为一个理想选择。这一发展模式成功的关键是能否铸就一个开放的创新生态，激活合作伙伴的力

① Linux 操作系统是基于 UNIX 操作系统发展而来的一种克隆系统，它诞生于 1991 年的 Linux 桌面，之后借助于互联网网络，通过全世界各地计算机爱好者的共同努力，已成为今天世界上使用最多的一种 UNIX 类操作系统，并且使用人数还在迅猛增长。

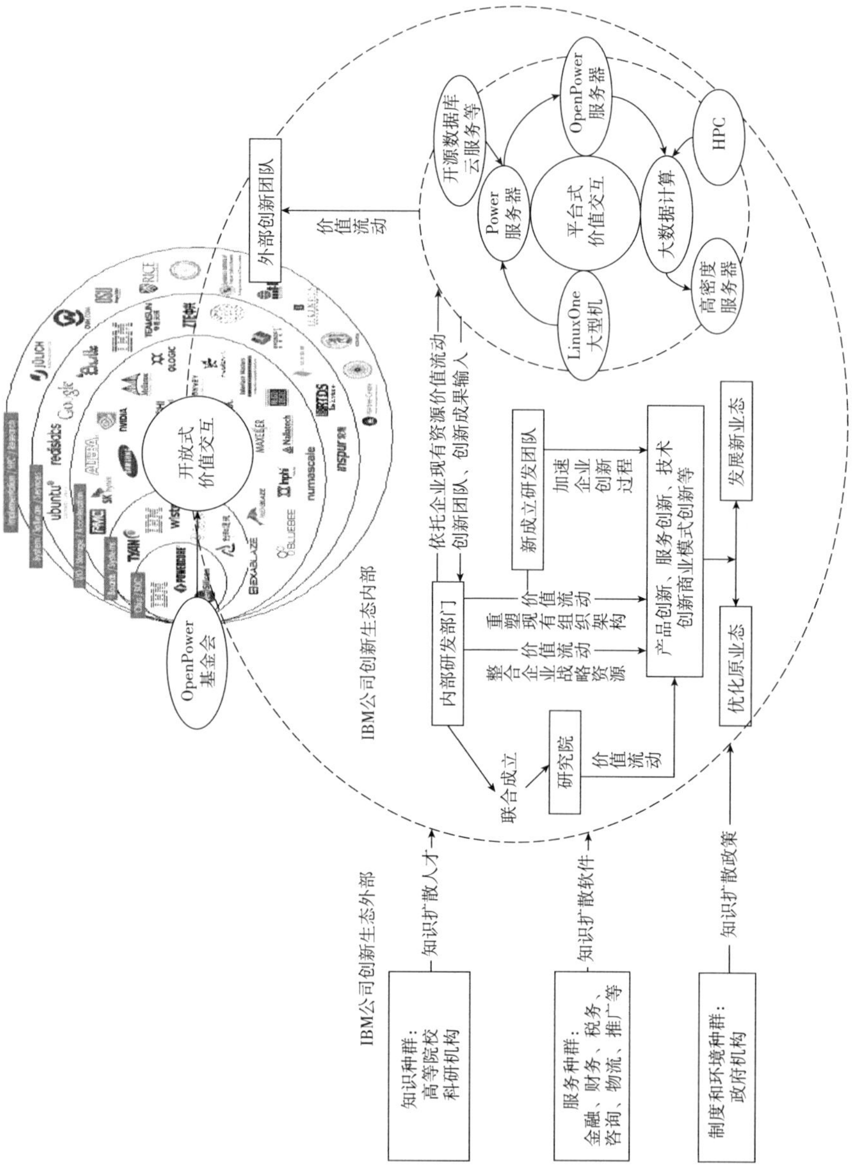


图6-2 IBM公司的价值流动逻辑

量。而这种平台式创新生态的核心是 Power 平台和 Linux 系统：一方面，IBM 对 Power 平台的投入持续不断，与包括英伟达和谷歌在内的合作伙伴成立了 OpenPower 基金会，“贡献”了 Power 架构和相关知识产权，目标是向合作伙伴开放 Power 技术，创建一个围绕 Power 的生态链，与英特尔在服务器芯片市场上竞争；另一方面，IBM 对 Linux 与开源社区持续支持①，十余年来在全球主流开源组织中参与了超过 150 个开源项目，并向开源社区贡献了多项关键的大型主机技术的代码，辅助企业用户及开发者提升其技术能力。

2. *以知识忘却为导向的开放式价值流动*

开源技术②为企业开放以往封闭的信息技术系统、扩展信息技术架构并更快速地应用新技术提供了新契机，为企业之间的共同协作提供基础。开放的软硬件基础架构生态系统能够加速产、学、研各界的技术互动，进一步推进创新的进程。基于此，蓝色巨人 IBM 背靠 Power 和 Linux，打造开放协作的创新生态，不失为主机应用蜕变的一种发展良机。

2013 年成立的 OpenPower 基金会已经成为了 IBM 的 Power 技术创新主战场。通过与 OpenPower 基金会众多行业领导者展开合作，IBM 得以整合一系列加速器，在芯片和系统层面对 Power LC 平台进行了革新性的重新设计，实现了比传统商用服务器更为强大的性能。凭借一系列名为“PowerAccel”的互联创新成果，OpenPower 生态圈的参与者将能在 Power 平台上继续开发基于加速器的系统和解决方案。

OpenPower 基金会现已成长为由 140 余个科技领袖组成的庞大社区，其在本土的发展趋势迅猛，目前在中国已拥有逾 20 位成员。在两年的发展时间中，

① 自 2000 年 IBM 将 Linux 作为其硬件系统的重要战略以来，在 2001 年及 2013 年分别投入 10 亿美元资金以深化对 Linux 系统的支持。2016 年，IBM 推出了“全线 Linux 服务器战略”，通过多款 Linux 服务器产品，加强对用户关键业务和新兴工作负载需求的响应。随着这一战略的发布，IBM 在 Linux 服务器产品升级、应用落地、生态扩展等方面都取得了里程碑式的成果。

② 以开放源代码为例，开源（Open Source）被非营利软件组织（美国的 Open Source Initiative 协会）注册为认证标记，并对其进行了正式的定义，用于描述那些源码可以被公众使用的软件，并且此软件的使用、修改和发行也不受许可证的限制。

OpenPower 基金会为本地合作伙伴提供了开放的创新环境，提供了包括 ISV 支持计划服务和 SuperVessel 云服务等多种服务。

ISV 支持计划服务：IBM 于 2015 年推出的“硬件加速 ISV 支持计划”，旨在帮助 ISV 提升大数据、云计算等新兴技术研发能力，通过为本地 ISV 免费提供基于 RedPower 服务器以及赛灵思 FPGA 的云端开发及测试环境，并与包括星环科技、恒扬科技等在内的多家本地企业合作，共同推动了云计算、大数据等新兴技术的发展，促进了软硬件创新的融合。

SuperVessel 云服务：IBM 中国研究院和 IBM 中国系统中心于 2015 年共同建立了面向全球 OpenPower 生态圈参与者的开放的云服务方案 SuperVessel，通过向业务合作伙伴、广大开发者及大学学生提供免费的云服务，促进使用者在新型应用领域的创新科技合作战略。OpenPower 基金会生态系统的持续扩大以及创新成果的推出，也将持续助力 IBM 科技合作战略在中国落地。

由此可见，IBM 公司通过打造开放式价值交互和平台式价值交互模式引导自身持续竞争优势的强盛，为世界各地的企业提供了稳定、极致性能、兼具安全性与开放性的信息技术服务。

## 本章小结

产业创新主体间的价值流动在产业创新生态系统中是以知识势能与知识动能间的价值交互方式进行的，其动力因素由产业创新主体的相互间广义作用力决定，这种广义作用力可以采取引力场的作用形式化，而产业创新主体间的价值流动由对应产业创新主体的知识能量结构决定。产业创新主体间的价值流动对价值流出方具有外部性，价值交互会影响产业创新生态系统的整体有序性，从而影响产业创新主体的知识能量结构。

# 第七章

# 知识内能的模型构建与价值提升的机理分析

本章从“知识内能”维度解释产业创新过程中的价值提升逻辑，构建了基于“知识创新”和“知识老化”的“知识内能”研究模型，验证了产业创新生态系统通过催化价值流动实现产业创新主体价值提升的涌现过程机理。

## 第一节　知识内能的研究框架与模型分析

本章研究顺应生态能量学在知识管理领域的发展趋势，基于 Adner 和 Kapoor（2016b）提出的创新生态系统“技术替代”的理论体系，从知识的时效性对于管理者预测新旧知识生态发展态势的重要影响出发，提出“知识内能”的概念，旨在说明产业创新主体在内化知识创新的同时由于存在外化知识老化而具有的进一步提升价值的潜力。

## 一、知识内能

内在化和外在化是SECI理论模型中显性知识和隐性知识价值交互的重要过程，是创新主体“做中学”和“创造概念”的集中体现。然而，随着知识经济时代加剧的知识替代，当前有效的管理经验和产品技术不能保证产业创新主体在未来形成持续的竞争优势和经营收益，因此，衡量知识能量要考虑知识的时效性，即知识能够在特定时间段内为创新主体提升价值的过程是内化知识创新的表征，知识超出特定时间段后不能为创新主体提升价值的过程是外化知识老化的表征。需要指出的是，创新主体中知识的时效性是动态的，随着产业创新生态系统内外部环境和自身学习效应的变化，知识的时效性在时间和效用维度会不断动态修正，修正的时间间隔则以创新主体感知的创新生态系统内外部知识替代变化而定，即内化知识创新和外化知识老化共同构成了知识价值提升的状态函数。

价值提升在产业创新生态系统中是由催化而涌现的能量，对应了物理学中“内能是与系统在热隔绝条件下做功量相联系的描述系统本身能量的一种状态函数”的理论。本书将“知识内能”隐喻为“与产业创新主体在知识经济背景下创造价值的能力相联系的描述产业创新生态系统蕴含知识能量的一种状态函数”。对于一定量物质构成的系统，通过做功、热传递与外界交换能量引起内能的改变，从而导致系统状态的变化；同样地，对于一定量产业创新主体构成的创新生态系统，通过内化知识创新、外化知识老化与外界交换知识能量引起知识内能的改变，从而导致产业创新生态系统的价值提升，即知识内能的变化量 $\Delta U = KI - KA$，其中 $KI$ 代表内化知识创新创造的价值累积，$KA$ 代表外化知识老化产生的价值损失。

但是，考虑到产业创新生态系统的开放性，并不能完全基于热隔绝条件下的内能范式进行理论创新，因此，本书进一步参照不存在宏观动能变化的“系统内能”的定义：“内能的变化量是外界对系统的做功量与系统（从外界）

的吸热量的总和”，将“热力学定律”隐喻为“知识替代定律”，即创新生态系统的价值提升伴随旧技术改进与新技术发展的共同作用，而知识替代的速度是由新技术克服其进入市场的挑战与旧技术开发其拓展市场的机遇共同决定的。那么，外界对系统的做功量可以理解为创新生态系统中的价值流动（用VF 表示）对知识内能系统的价值提升量，系统（从外界）的吸热量可以理解为知识内能系统在知识替代的外部调节作用（用 λ 表示）下从价值流动中吸收的价值量。

## 二、研究框架

价值流动与价值提升之间的关系是复杂的、非线性的，同时这种关系还受其他变量的影响。

首先，产业创新主体的价值提升是不可逆的，是在价值流动的催化下产生价值涌现的作用结果，在一定程度上符合热力学昂萨格倒易关系，即一切不可逆的过程都是在某种广义热力学推动下产生广义热力学流的结果。因此提出以下假设：

$H_{11}$：价值流动与价值提升呈昂萨格倒易关系。

其次，基于知识的时效性，将“内化知识创新度”和“外化知识老化度”作为中介变量，并将两者共同视为知识内能。一方面，通过增加产业创新生态系统中价值流动的强度，创新的核心过程和预期收益能够得到显著提升；另一方面，通过直接和间接的网络外部性增加了系统价值，并增加了产业创新主体之间偶然互动的可能性，引致创新要素的重新组合①。从一定程度上来说，内化知识创新是产业创新生态系统中价值网络的进一步延伸，是把知识能量重新组合为系统价值网络的过程，蕴含了驱动价值提升的动力②。因此提出以下

① Choudary S P, Alstyne M W V, Parker G G. Platform Revolution: How Networked Markets Are Transforming the Economy And How to Make Them Work for You [M]. New York: Norton and Co., 2016.

② Iansiti M, Levien R. The keystone advantage: What the New Dynamics of Business Ecosystems Mean for Strategy, Innovation and Sustainability [M]. Boston: Harvard Business Press, 2004.

假设：

$H_{12}$：价值流动与内化知识创新正相关；

$H_{13}$：内化知识创新与价值提升正相关。

再次，知识老化是知识使用机制时效性的客观表征，随着时间的推移，一切知识或其相应载体会逐渐失去原有的价值。一方面，知识老化的价值损失实质是知识利用价值的耗蚀速度，对经济系统而言，知识的寿命取决于市场需求①；另一方面，系统动力学普遍将知识老化定义为知识存量的流率变量，在一定程度上反映了知识由于证伪、替代和普及等因素为系统带来的整体价值损失。对于创新主体而言，知识老化的速度过快势必会损害创新的积极性，从而抑制创新生态系统的价值提升。因此提出以下假设：

$H_{14}$：价值流动与外化知识老化负相关；

$H_{15}$：外化知识老化与价值提升负相关。

最后，基于科学技术变革对价值提升的影响②，将表征产业创新生态系统情境和氛围的"知识替代"作为调节变量，根据 Ander 和 Kapoor（2016b）提出的价值提升伴随旧技术改进与新技术发展之间的知识替代分析框架来解释：当新技术创新生态系统出现的挑战很高，而旧技术创新生态系统扩展的机会很低时，新技术生态形成后的知识替代是迅速的，知识能量将在新技术创新过程中不断蓄积；当新技术创新生态系统出现的挑战很低，而旧技术创新生态系统扩展的机会很高时，知识替代是稳定的，新旧技术将长期共存，旧技术通过捍卫其市场份额而减缓知识老化。因此提出假设：

$H_{16}$：知识替代加强了价值流动与内化知识创新的正相关关系；

$H_{17}$：知识替代减弱了价值流动与外化知识老化的负相关关系。

进而得到如图 7－1 所示的研究框架。

---

① 熊永豪，赵飒，梁竞艳等．基于知识增长规律的知识存量测度［J］．科技进步与对策，2013，30（16）：152－155.

② 柳卸林，孙海鹰，马雪梅．基于创新生态观的科技管理模式［J］．科学学与科学技术管理，2015，36（1）：18－27.

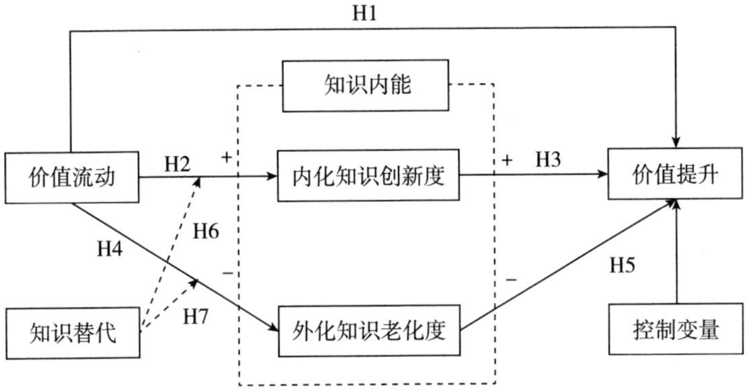


**图 7-1　价值提升的研究框架**

此外，考虑到影响价值提升的因素除了产业创新生态系统运行以外，还有诸如企业年龄、规模、区位和行业等，因此同前文一致，将这些因素作为控制变量也考虑在内。

## 三、模型构建

首先，假设产业创新生态系统中的价值流动对知识内能的补充以及价值提升的知识能量需求是连续、均匀的，当且仅当补充速率大于需求速率时实现价值提升，补充速率 $S$ 和需求速率 $D$ 为常数（$S \geqslant D$），产业创新生态系统中的价值流动对知识内能的能量补充为 $VF$。

其次，假设知识创新和知识老化是连续、均匀的，单位知识的能量累积和能量损失分别为 $E_{KI}$ 和 $E_{KA}$，知识替代对产业创新生态系统运行与内化知识创新和外化知识老化交互项 $S \times E_{KI}$、$S \times E_{KA}$ 的调节系数分别为 $\lambda_{KI}$、$\lambda_{KA}$，外化知识老化在内化知识创新的过程中进行补充。

最后，假设外化知识老化是内化知识创新的动因，令 $[0, t_2]$ 为外化知识老化期，当外化知识老化在 $t_1$ 达到最大时开始进行知识创新，区间 $[t_1, t_2]$ 的知识创新既满足当期价值提升需求，又弥补了前期外化知识老化，在 $t_2$ 达到知识能能量盈亏平衡点。$[t_1, t_2]$ 为知识创新与知识老化共存时期，在 $t_3$

时知识内能达到阈值，之后在［$t_3$，$t$］依靠前期知识创新的能量累积维持消耗，在 $t$ 时再次降到知识能量盈亏平衡点。

基于假设，知识内能的状态函数可以定义为：

$$y=\begin{cases}-Dx & 0\leqslant x\leqslant t_1\\(S-D)x-(S-D)t_2 & t_1\leqslant x\leqslant t_3\\-Dx+Dt & t_3\leqslant x\leqslant t\end{cases} \tag{7-1}$$

$Dt_1$ 为外化知识老化的最大阈值，内化知识创新最大阈值为（$S-D$）（$t_3-t_2$），如图 7－2 所示。

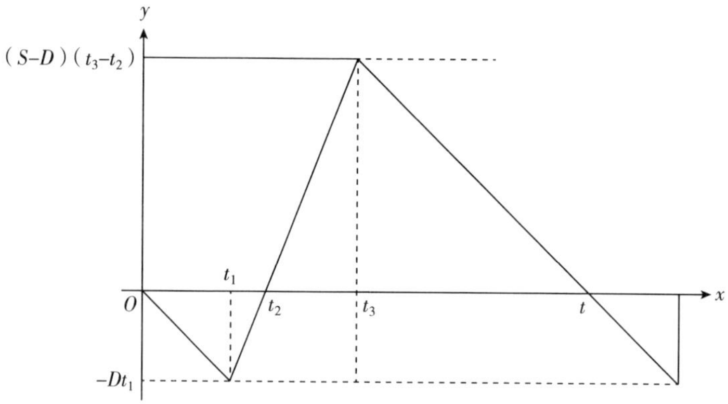


**图 7－2　知识内能的状态函数**

$[0,\ t_2]$内的平均知识能量需求为$\frac{1}{2}E_{KA}Dt_1t_2$，$[t_2,\ t]$内的平均知识能量补充为$\frac{1}{2}E_{KI}(S-D)(t_3-t_2)(t-t_2)$，则$[0,\ t]$内的平均知识内能为：

$$\frac{1}{t}\left[\frac{1}{2}E_{KI}\cdot(S-D)\cdot(t_3-t_2)\cdot(t-t_2)+\frac{1}{2}E_{KA}\cdot D\cdot t_1\cdot t_2\right] \tag{7-2}$$

由式（7－1）得：

$$-Dt_1=(S-D)(t_1-t_2) \tag{7-3}$$

$$(S-D)(t_3-t_2)=D(t-t_3) \tag{7-4}$$

解得：

$$t_1=\frac{S-D}{S}t_2，\ t_3-t_2=\frac{D}{S}(t-t_2) \tag{7-5}$$

式（7-5）代入式（7-2）得平均知识内能的状态函数：

$$U(t,\ t_2)=\frac{(S-D)\cdot D}{2S}[E_{KI}\cdot t-2E_{KI}\cdot t_2+(E_{KI}+E_{KA})\cdot\frac{t_2^2}{t}]+\frac{VF}{t} \tag{7-6}$$

令 $t$ 和 $t_2$ 的偏导数为 0，得：

$$\frac{\partial U}{\partial t}=\frac{(S-D)D}{2S}[E_{KI}-(E_{KI}+E_{KA})\cdot\frac{t_2^2}{t^2}]-\frac{VF}{t^2}=0 \tag{7-7}$$

$$\frac{\partial U}{\partial t_2}=\frac{(S-D)D}{S}[-E_{KI}+(E_{KI}+E_{KA})\cdot\frac{t_2}{t}]=0 \tag{7-8}$$

解得：

$$t^*=\sqrt{\frac{2S}{(S-D)\cdot D}}\sqrt{\frac{VF\cdot(E_{KI}+E_{KA})}{E_{KI}\cdot E_{KA}}} \tag{7-9}$$

$$t_2^*=\sqrt{\frac{2S}{(S-D)\cdot D}}\sqrt{\frac{VF\cdot E_{KI}}{E_{KA}\cdot(E_{KI}+E_{KA})}} \tag{7-10}$$

可以验证 $U$（$t$，$t_2$）的 Hessian 矩阵是正定矩阵，因此 $t^*$ 和 $t_2^*$ 是唯一极小值点。引入交互项的调节系数后，可以计算出知识创新最大知识能量累积量为：

$$Q_{KI}^*=Dt^*=\sqrt{\frac{2VF\cdot D}{E_{KA}}}\sqrt{\frac{\lambda_{KI}\cdot S\cdot E_{KI}+\lambda_{KA}\cdot S\cdot E_{KA}}{\lambda_{KI}\cdot S\cdot E_{KI}-\lambda_{KI}\cdot D\cdot E_{KI}}} \tag{7-11}$$

知识老化最大价值损失量为：

$$Q_{KA}^*=Dt_1^*=\frac{S-D}{S}D\cdot t_2^*=\sqrt{\frac{2VF\cdot D}{E_{KA}}}\sqrt{\frac{\lambda_{KI}\cdot S\cdot E_{KI}-\lambda_{KI}\cdot D\cdot E_{KI}}{\lambda_{KI}\cdot S\cdot E_{KI}+\lambda_{KA}\cdot S\cdot E_{KA}}} \tag{7-12}$$

维持价值提升的最小知识内能为：

$$U^*=U(t^*,\ t_2^*)=\sqrt{2E_{KI}\cdot E_{KA}\cdot D}\sqrt{\frac{\lambda_{KA}\cdot S\cdot E_{KA}-\lambda_{KA}\cdot D\cdot E_{KA}}{\lambda_{KI}\cdot S\cdot E_{KI}+\lambda_{KA}\cdot S\cdot E_{KA}}} \tag{7-13}$$

根据研究框架对式（7－11）和式（7－12）中的 $S$、$D$ 求偏导，可得：

$$\frac{\partial Q_{KI^*}}{\partial S}>0\left(\frac{\lambda_{KI}}{\lambda_{KA}}<-\frac{E_{KA}}{E_{KI}}\right),\ \frac{\partial Q_{KI^*}}{\partial D}>0(\lambda_{KI}>0) \qquad (7-14)$$

$$\frac{\partial Q_{KA^*}}{\partial S}<0\left(\frac{\lambda_{KI}}{\lambda_{KA}}<-\frac{E_{KA}}{E_{KI}}\right),\ \frac{\partial Q_{KA^*}}{\partial D}>0\left(\lambda_{KI}>\frac{4D}{S}\right) \qquad (7-15)$$

由式（7－14）、式（7－15）可以看出，当 $\frac{\lambda_{KI}}{\lambda_{KA}}<-\frac{E_{KA}}{E_{KI}}$ 时，内化知识创新 $Q_{KI}$ 与跨组织知识能量的补充速率 $S$ 正相关，与产业价值提升速率 $D$ 正相关；外化知识老化 $Q_{KA}$ 与跨组织知识能量的补充速率 $S$ 负相关，与产业价值提升速率 $D$ 正相关；$\lambda_{KI}$ 具有正向调节作用，$\lambda_{KA}$ 具有负向调节作用。以上结论基本验证了研究假设。下文围绕模型分析结果进一步进行实证分析。

## 第二节　知识内能影响产业创新价值提升的实证分析

### 一、研究样本

研究选择网络样本，主要针对北京和天津两地的信息传输、互联网、软件服务行业进行调查取样，选择包括中科曙光（北京、天津）、天津广播电视台、网易新闻（北京、天津）、未来电视（北京、天津）、今日头条（天津）、去哪儿（北京）、美团（北京）、京东（北京）等在内的共 18 家企业，调查对象选择各企业中层及以上职位的管理人员。于 2019 年 5 月 13 日开始对目标对象发放网络问卷，进一步对 126 份有效问卷来源进行三次调研，共回收 112 份问卷。通过“问卷星”系统的无效问卷排查功能和人工核查，排除了部分无效问卷，最终得到有效问卷 99 份，有效率近 74%，样本分布如表 7－1 所示。

表 7-1　知识内能样本分布情况统计

| 控制变量 | 题项 | 频率 | 占比（%） |
|---|---|---|---|
| 企业成立年限 *Ag* | 2 年以下 | 13 | 11.2 |
| | 2～5 年 | 26 | 22.4 |
| | 6～10 年 | 40 | 34.5 |
| | 11～20 年 | 23 | 19.8 |
| | 21～30 年 | 6 | 5.2 |
| | 30 年以上 | 8 | 6.9 |
| 企业规模 *Sc* | 小于 10 人 | 6 | 5.2 |
| | 10～50 人 | 9 | 7.8 |
| | 50～100 人 | 8 | 6.9 |
| | 100～500 人 | 46 | 39.7 |
| | 500～1000 人 | 20 | 17.2 |
| | 1000 人以上 | 27 | 23.3 |
| 企业地理位置 *Lo* | 北京 | 65 | 56 |
| | 天津 | 51 | 44 |
| 企业所属产业 *IP* | 电信、广播电视和卫星传输服务业 | 32 | 27.6 |
| | 互联网和相关服务业 | 66 | 56.9 |
| | 软件和信息技术服务业 | 18 | 15.5 |

## 二、信度和效度分析

从内在信度来看，所有变量的 Cronbach' a 值均大于 0.7，说明问卷获取的数据内部一致性较好，问卷信度较高；从结构效度来看，所有指标的 KMO 值均大于 0.8，所有题项的因子值均大于 0.74，说明问卷结构和内容效度较好，如表 7-2 所示。

表 7-2　知识内能的信度和效度分析

| 指标 | 度量题项 | Cronbach' a | KMO | 内容效度 |
|---|---|---|---|---|
| 价值流动 *VF* | $VF_1$：学习到行业内先进的技术而获益 | 0.960 | 0.851 | 0.875 |
| | $VF_2$：学习到行业内先进的产品开发技能而获益 | | | 0.967 |
| | $VF_3$：学习到行业内先进的市场开发技能而获益 | | | 0.945 |
| | $VF_4$：学习到行业内先进的运营管理技能而获益 | | | 0.929 |

续表

| 指标 | 度量题项 | Cronbach'a | KMO | 内容效度 |
|---|---|---|---|---|
| 内化知识创新 *KI* | $KI_1$：开发行业领先的新技术 | 0.867 | 0.865 | 0.773 |
| | $KI_2$：开发行业领先的新产品 | | | 0.928 |
| | $KI_3$：拓展现有市场 | | | 0.867 |
| | $KI_4$：引入全新理念 | | | 0.890 |
| 外化知识老化 *KA* | $KA_1$：技术老化 | 0.868 | 0.831 | 0.866 |
| | $KA_2$：产品老化 | | | 0.833 |
| | $KA_3$：决策滞后于市场变化 | | | 0.867 |
| | $KA_4$：管理技能与经验老化 | | | 0.917 |
| 价值提升 *VP* | $VP_1$：产业结构日趋复杂和有序 | 0.900 | 0.887 | 0.878 |
| | $VP_2$：创新主体的异质性、多样性和独特性不断增强 | | | 0.742 |
| | $VP_3$：沿着既定的发展方向不断强化 | | | 0.859 |
| | $VP_4$：适应市场环境和制度环境的选择 | | | 0.865 |
| 知识替代 $\lambda$ | $TS_1$：顾客对技术的偏好随时间变化很大 | 0.845 | 0.814 | 0.890 |
| | $TS_2$：产品营销方式随时间变化很大 | | | 0.837 |
| | $TS_3$：新产品的引入十分频繁 | | | 0.885 |

## 三、多元回归分析

通过 SPSS 软件将 *VF*、*KI*、*KA*、*VP*、$\lambda$ 五个指标降维为一个因子，然后对其进行平移化运算，使其最小值大于 1；被调查企业的年龄 *Ag* 用 5 个虚拟变量表示“2 年以下”“2～5 年”“6～10 年”“11～20 年”“21～30 年”和“30 年以上”6 个题项；被调查企业的规模 *Sc* 用 5 个虚拟变量表示“小于 10 人”“10～50 人”“50～100 人”“100～500 人”“500～1000 人”“1000 人以上”6 个题项；被调查企业的区位 *Lo* 用 1 个虚拟变量表示“北京”“天津”2 个题项；被调查企业所属的产业 *IP* 用 2 个虚拟变量表示“电信、广播电视和卫星传输服务业”“互联网和相关服务业”“软件和信息技术服务业”3 个题项。

根据研究框架设定以下回归模型：

$$VP=\alpha_0+\alpha_1 VF+\alpha_2 VF^2+\varepsilon$$

$$KI=\mu_0+\mu_1 VF+\mu_2 VF\times\lambda+\varepsilon$$

$$VP=\beta_0+\beta_1 KI+\beta_2 KA+\varepsilon$$

$$KA=\nu_0+\nu_1 VF+\nu_2 VF\times\lambda+\varepsilon \qquad (7-16)$$

并将 $Ag_1$、$Ag_2$、$Ag_3$、$Ag_4$、$Ag_5$、$Sc_1$、$Sc_2$、$Sc_3$、$Sc_4$、$Sc_5$、$Lo_1$、$IP_1$、$IP_2$ 作为控制变量，采用 *SPSS* 软件进行回归分析，结果如表 7－3 和表 7－4 所示。

**表 7－3　以 VP 为被解释变量的回归检验结果**

| | 模型 1 | 模型 2 | 模型 3 | 模型 4 | 模型 5 | 模型 6 |
|---|---|---|---|---|---|---|
| | *VP* | *VP* | *VP* | *VP* | *VP* | *VP* |
| $Ag_1$ | 0.26 | 0.36** | 0.21 | 0.18 | 0.32** | 0.43*** |
| $Ag_2$ | 0.50 | 0.56*** | 0.52** | 0.43** | 0.34** | 0.54*** |
| $Ag_3$ | 0.28** | 0.95*** | 0.31 | 0.35 | 0.75*** | 1.02*** |
| $Ag_4$ | 0.37* | 0.45*** | 0.44** | 0.47*** | 0.35** | 0.48*** |
| $Ag_5$ | 0.48*** | 0.52*** | 0.39*** | 0.30** | 0.42*** | 0.55*** |
| $Sc_1$ | −0.21 | −0.10 | −0.15 | −0.10 | 0.03 | −0.02 |
| $Sc_2$ | 0.23* | −0.12 | 0.26** | 0.10 | −0.27** | −0.29*** |
| $Sc_3$ | −0.22** | −0.31*** | −0.17* | −0.18** | −0.20*** | −0.29*** |
| $Sc_4$ | 0.12 | −0.17 | 0.18 | 0.28** | −0.15 | −0.23** |
| $Sc_5$ | −0.19 | 0.18 | −0.08 | −0.02 | 0.11 | 0.45 |
| $Lo_1$ | 0.11 | −0.07 | −0.09 | 0.01 | −0.08 | −0.08 |
| $IP_1$ | 0.60*** | −0.47** | 0.50*** | 0.32** | −0.51*** | −0.57*** |
| $IP_2$ | 0.78*** | 0.19 | 0.73*** | 0.55*** | 0.06 | 0.08 |
| $VF$ | | 2.57*** | | | 2.85*** | 2.20*** |
| $VF^2$ | | −1.89*** | | | −2.45*** | −1.09** |
| $KI$ | | | 0.47*** | 0.55*** | | |
| $KA$ | | | | −0.33*** | | |
| $\lambda$ | | | | | 0.55*** | 0.89*** |
| $VF^2\times\lambda$ | | | | | | −1.03*** |
| *Adjust* $R^2$ | 0.37 | 0.58 | 0.54 | 0.61 | 0.73 | 0.78 |
| $F$ | 5.41 | 10.07 | 9.15 | 11.18 | 17.59 | 21.64 |
| $DW$ | 2.08 | 1.73 | 2.22 | 2.37 | 2.07 | 2.09 |

注：*** 表示在 0.01 的水平上统计显著，** 表示在 0.05 的水平上统计显著，* 表示在 0.1 的水平上统计显著。

从表7－3可以看出，以价值提升 *VP* 为因变量，模型1只有控制变量参与回归，除区位因素 *Lo* 外均具有显著性，说明区位因素对研究所选产业的影响较小。

模型2在模型1的基础上加入价值流动 *VF* 和其二次方项作为自变量，结果显示，*VF* 的一次项系数显著为正，二次项系数显著为负，控制变量 *Ag* 的值显著性提升，说明该产业价值提升是价值流动作用的结果，且两者之前存在一种倒"U"形关系，即假设 $H_{11}$ 通过检验，且在新老企业中具有普适性。

模型3以知识创新价值累积 *KI* 作为自变量，模型4在模型3的基础上加入知识老化价值损失 *KA* 作为自变量，结果显示，*KI* 系数显著为正，*KA* 系数显著为负，说明知识创新的价值累积促进了创新生态系统的价值提升，知识老化价值损失抑制了创新生态系统的价值提升，即假设 $H_{13}$ 和 $H_{15}$ 通过检验。

模型5和模型6在模型2的基础上加入知识替代 $\lambda$ 和二次交互项 $EF^2 \times \lambda$，结果进一步说明了知识替代对价值提升也具有显著的正向调节作用，且两者也存在倒"U"形关系。但是，该结论仅在电信、广播电视和卫星传输服务业 $IP_1$ 中显著存在，这与该行业较高的硬件技术壁垒有关。

从表7－4可以看出，以知识创新价值累积 *KI* 和知识老化价值损失 *KA* 为因变量，模型7和模型8均以价值流动 *VF* 和知识替代 $\lambda$ 作为自变量，结果显示，前者 *VF* 系数显著为正，后者 *VF* 系数显著为负，知识替代 $\lambda$ 系数均显著为正，说明价值流动促进了知识创新价值累积，抑制了知识老化价值损失，知识替代对知识在创新和老化过程中的价值变化影响显著，即假设 $H_{12}$ 和 $H_{14}$ 通过检验。

**表7－4　以KI和KA为被解释变量的回归检验结果**

| | 模型7 | 模型8 | 模型9 | 模型10 |
|---|---|---|---|---|
| | *KI* | *KA* | *KI* | *KA* |
| *VF* | 0.45*** | －0.17* | 0.49*** | －0.01 |
| $\lambda$ | 0.20* | 0.50*** | 0.25 | 0.69*** |
| $VF \times \lambda$ | | | 0.09 | －0.34* |

续表

| | 模型 7 | 模型 8 | 模型 9 | 模型 10 |
|---|---|---|---|---|
| | *KI* | *KA* | *KI* | *KA* |
| *Adjust* $R^2$ | 0.34 | 0.16 | 0.33 | 0.16 |
| *F* | 26.12 | 10.02 | 17.28 | 7.18 |
| *DW* | 2.07 | 2.12 | 2.11 | 2.11 |

注：*** 表示在 0.01 的水平上统计显著，** 表示在 0.05 的水平上统计显著，* 表示在 0.1 的水平上统计显著。

模型 9 和模型 10 在模型 7 和模型 8 的基础上加入交互项 $VF \times \lambda$，结果显示，模型 7 的 $VF \times \lambda$ 系数不显著为正，模型 8 的系数显著为负，说明该产业知识替代并没有加强价值流动促进知识创新价值累积的正向关系，但减弱了价值流动抑制知识老化价值损失的负向关系，即假设 $H_{15}$ 没有通过验证，假设 $H_{16}$ 通过验证。

实证研究证明了知识替代的两种调节作用，说明知识创新的价值累积需要通过评估其对应新技术创新生态系统的发展情境来测量，知识老化的价值损失需要通过评估其对应旧技术创新生态系统的发展情境来测量。但由于高技术产业独特的分工体系和错位竞争，行业知识替代对知识老化价值损失的负向催化作用并不显著，知识替代产生的高技术壁垒导致知识能量不能有效地流入企业进行价值累积，产业创新主体难以获取新技术，催生了“搭便车”和创新惰性的决策，进而激增了知识老化价值损失。

## 第三节　基于中国四代电力机车的证据判断

高速列车是高速铁路大系统中的一个子系统，但却是最具技术含量的核心系统，也是从国外成套引进技术的领域。因此，分析中国高速列车技术发展史，可以更好地理解中国高铁产业创新生态系统的价值提升机理。从1949年中华人民共和国成立到2004年的大规模技术引进，高铁产业从来没有中断过产品开发。理解中国铁路装备工业的技术能力基础可以从这一事实出发，认为高铁产业的技术能力是在长达50多年的自主产品开发过程中积累起来的。但是，由于全面分析相关技术成长路径难度巨大，所以本案例集中于与高速列车直接相关的电力牵引技术，将该技术的引进视为外部价值流动。与结果导向型的案例描述方法不同，本章的案例分析侧重于将技术战略选择置于高铁产业发展的实际过程中去分析作用机制①②，是在参考路风（2019）对中国工业技术能力基础及其与技术引进关系的分析的基础上③对中国高铁产业中知识创新逻辑的抽取。本章首先从三个方面界定被研究案例的特性、适用的研究方法和需要解释的结果。这三个界定可以被看作一个讨论中国高铁产业知识创新的分析“框架”。

## 一、案例描述

高铁发展对于中国学术界的理论挑战，是通过分析实际过程来识别决定其发展路径的关键变量并从理论上予以解释的，而不是描述其成功的特征或与这些特征直接相关联的做法。中国高铁的发展是一个重要的事件，它不仅是中国在工业技术进步、基础设施建设等方面的重大成就，也是世界铁路史上的重大事件。同时，高铁发展涉及决策层、政府部门、众多企业以及庞大消费者人群等多方面的利害关系，因而政府决策、高铁的技术和运营绩效、公众舆论及其这些因素之间的反馈都影响了事件的发展。面对这样一个重大的事件，要避免事后解释并识别出决定结果的关键变量，就需要采取过程解释，尤其是对决策过程和技术进步过程的解释。过程解释之所以对识别中国高

① 林善波．动态比较优势与复杂产品系统的技术追赶——以我国高铁技术为例［J］．科技进步与对策，2011，28（14）：10-14.

② 冯灵，余翔．中国高铁破坏性创新路径探析［J］．科研管理，2015，36（10）：77-84.

③ 路风．冲破迷雾——揭开中国高铁技术进步之源［J］．管理世界，2019，35（9）：164-194.

铁发展的关键原因非常重要，是因为这个发展过程的实际轨迹是若干重大变化所塑造出来的。

高铁产业创新仅仅依靠技术引进是不足以实现技术进步的。例如，中国引进的高速列车“技术”具体表现为：以购买一定数量的列车为前提，从外国企业获得所购列车的产品设计和工艺设计，以及能够按照这些设计生产所购车型的技术许可。严格地讲，中国并没有因为这种引进而得到技术：其一，所有引进技术的知识产权仍然属于出售方，中国在许可的范围内可以使用这些技术进行生产，但必须按照生产产品的数量付费。其二，中方得到的产品设计只是信息，不是知识，因为定型的产品设计并不反映设计背后的因果关系。因此，如果中国企业完全或纯粹依靠技术引进，那么中国企业就只能按照引进的技术进行生产，并陷入技术依赖状态。

如果中国企业能够从引进技术获益，就必须能够理解引进的技术信息所反映的因果关系，并在这个基础上产生新的知识；而如果能够做到这样，中国企业在引进之前就必须具有技术研发活动及其经验基础，这就涉及技术能力。此外，技术能力还包括吸收外部知识的能力。如果技术接受方没有足够的能力基础或为能力发展付出足够的努力，技术引进就不会对引进方的技术进步起到正面作用。中国铁路装备工业之所以没有因为大规模引进而重蹈汽车工业和民用航空工业的覆辙，恰恰在于它具有强大的技术能力基础，而且自主创新方针对引进路线的扭转使这个能力基础很快就重新发挥主导作用。

## 二、案例分析

按照国际惯例并结合本国技术进步的情况，中国电力机车的价值提升可以划分为调压开关、交—直电力牵引（第一代），级间平滑调压、交—直电力牵引（第二代），相控调压、交—直电力牵引（第三代），交流传动、高速机车和试验动车组（第四代）四个阶段，如图 7 - 3 所示。

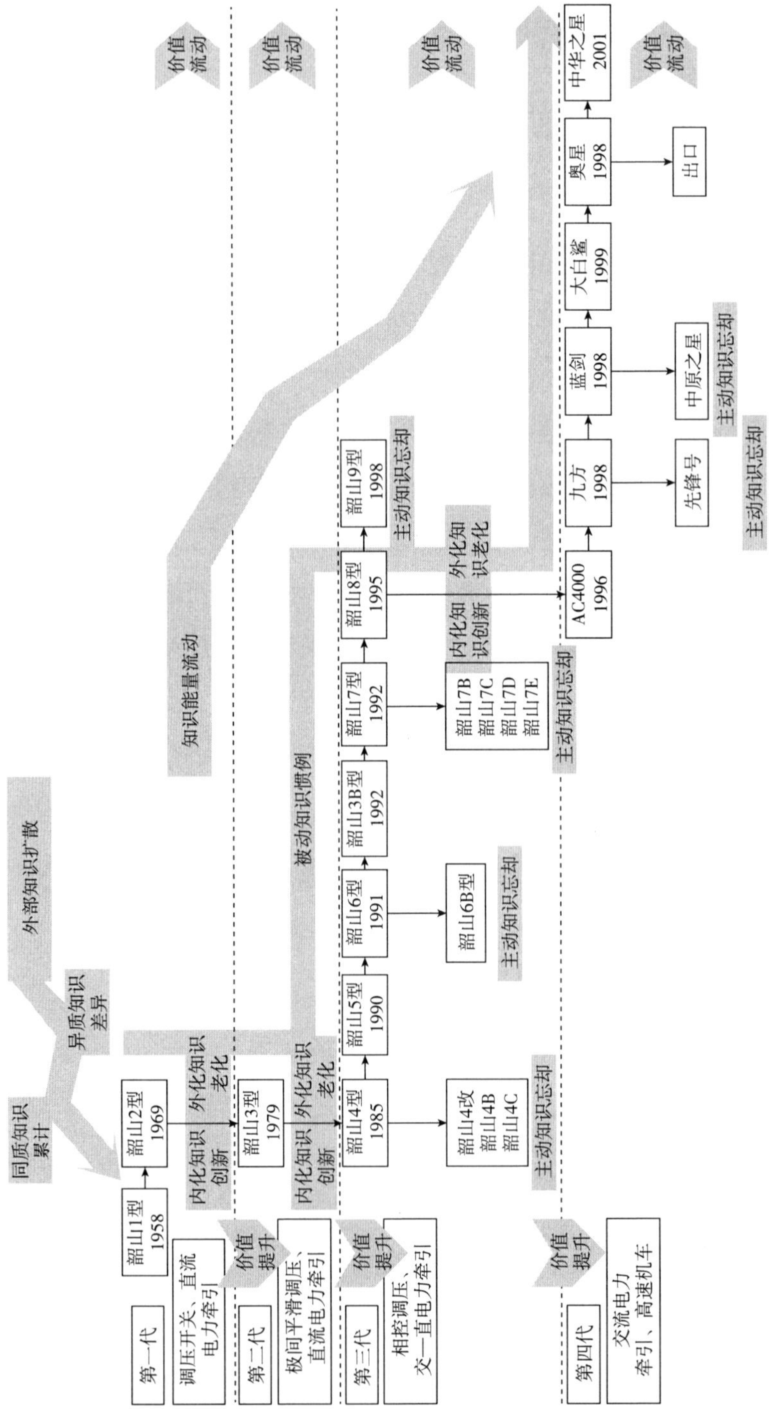


图7－3 中国高铁产业的价值提升逻辑

首先，在铁路牵引动力从蒸汽机车转向电力机车和内燃机车的第一阶段，原铁道部于 1958 年组织株洲机车车辆修理厂和湘潭电机厂以苏联刚刚定型的 H60 型电力机车为原型，开始定制型号为 6Y1 的电力机车，标志着中国高铁产业开始捕获外部知识能量，并于 1961 年从法国第一次购买若干台 6Y2 电力机车。但是，由于当时半导体技术被西方封锁，中国开始整合功率半导体器件的同质知识和异质知识，在 6Y1 型的 4 号车上成功地用硅整流器代替了引燃管整流器，实现了产业基于核心技术提升的整体价值增值。进一步地，在 1968 年研制成功的第 8 号车被命名为韶山 1 型的基础上，1969 年进一步引进法国 6G1 并研制了韶山 2 型，外部价值流动进一步提升了高铁产业创新生态系统成长期的价值创造能力。

其次，伴随改革开放引致中国电气化铁路的迅猛发展，株洲机车车辆修理厂参寻国外期刊发现关于有级和无级调压结合的原理，进一步通过整合外部知识能量开发出韶山 3 型。值得一提的是，韶山 3 型提供了全新的“级间平滑调压”经验，是重要的内化知识创新过程。

再次，从 1985 年研制成功的韶山 4 型开始，经过韶山 5 型、韶山 6 型、韶山 7 型的改进，一直发展到准高速的韶山 8 型和韶山 9 型，大量的企业（如大同厂、大连厂）加入到高铁产业的创新生态系统中，增加了系统中知识的异质性。随后，中国分别从欧洲、日本、苏联购买了世界上技术最先进的直流相控电力机车，并从法国获得了 8K 机车的技术转让。在吸收 8K 车技术的基础上，株洲所从 1987 年开始研发电力机车微机控制系统，其间又与大学合作开发了微机诊断、事故记忆和显示功能。1991 年，株洲所把韶山 4 型 0038 号机车改造成微机控制车，完成 30 万公里运用考核。这台机车于 1992 年初在宝成铁路投入运行后，虽然微机系统的用户界面、抗干扰能力仍有不足之处，但控制性能已达到设计要求。1997 年，微机控制系统被批量应用于韶山 8 型。

最后，中国电力机车的高速化从 1995 年开始被提上日程。在外国技术的封锁下，株洲所自 20 世纪 70 年代就开始进行交流传动的理论研究和实验，于

1995年开发出1000千瓦交流传动系统，并于1996年和株洲所共同研制的AC4000交流传动原型车。1998年，为了给中国尚在开发的交流传动系统提供高速列车的基础，原铁道部和株机厂经过国际招标从总部设在柏林的安达公司（AdtranZ）购买10套交流传动系统，其中2套用于时速200公里的机车“九方号”，8套用于开发时速200公里的动力集中式动车组“蓝箭号”。到1999年，株洲所完成1000瓦级交流传动系统及GTO变流器、IGBT变流器等部件的研究。在此基础上，株机厂于2001年研制出“奥星号”高速机车，实现了交流传动、牵引电机和微机网络控制系统的自主化。此后，株洲所的系统又装在株机厂向哈萨克斯坦出口的电力机车上。但是，自2003年原铁道部决定大规模引进技术之后，上述所有的高速机车和动车组项目由于外化知识老化都被迫退出历史舞台。

## 本章小结

产业创新主体间的价值流动与价值提升呈倒“U”形昂萨格倒易关系。价值流动是创新生态系统的基本功能，创新生态系统的价值提升是在知识价值化过程中产生流的结果，类似于不可逆热力学理论昂萨格倒易关系，是微观层面知识价值创造在宏观系统价值提升尺度上的反映。知识创新价值累积是正向影响价值流动和价值提升的中介变量，知识老化价值损失是负向影响价值流动和价值提升的中介变量，合理的价值流动需要从时效性的角度对两者进行平衡，从而驱动创新生态系统的价值提升。

# 第八章

# 京津冀高技术产业创新生态系统中的知识能量流动比较分析

实施区域协调发展战略是新时代国家的重大战略之一，是贯彻新发展理念、建设现代化经济体系的重要组成部分。党的十八大以来，各地区、各部门围绕促进区域协调发展与正确处理政府和市场关系，在建立健全区域合作机制、区域互助机制、区际利益补偿机制等方面进行积极探索并取得一定成效。按照京津冀协同发展“三步走”的战略目标，经过六年多建设，京津冀在交通一体化、生态环境保护、产业升级转移等重点领域率先取得了突破。然而，在新时代背景下，与较为成熟的大城市群相比，京津冀协同发展面临一系列深层次的“不平衡”“不充分”难题亟待破解。

## 第一节　京津冀高技术产业创新生态系统的发展现状分析

京津冀产业对接协作的重心不是一般性的产业转移与合作，更核心的在于由区域产业转移向以高新技术产业链为纽带的跨区域协同深化，增强区域发展内生动力，实现区域产业的融合互动和区域整体竞争力的有效提升。六年来，京津冀区域高技术产业发展差距依然较大，区域分化现象逐渐显现，无序开发与恶性竞争仍然存在，集中体现为空间发展、经济发展、创新发展和行政分割的“不平衡”问题依然比较突出，以及制度供给、区际合作、改革开放、公共服务的“不充分”问题，难以适应新时代实施区域协调发展战略的需要。

## 一、高技术产业创新生态系统的外部环境

1. 空间布局不平衡

京津冀区域没有形成合理的城市群等级结构，城市与城市之间资源和要素争夺激烈，功能交叉、同质化竞争比较严重。同时，京津双核极化效应明显，城市间不平衡与发展差距仍在加剧，还未形成合理城市分工和层级体系，造成京津冀资金、技术与人才资源浪费与低效配置。从城市规模来看，2017 年北京市常住人口 2170. 7 万人，天津市常住人口 1556. 8 万人，而河北省常住人口在千万人以上的城市只有石家庄和保定市，整体城市层级偏低，致使京津超大城市的“大城市病”与河北省城市整体性不强并存。

2. 行政分割不平衡

京津冀区域“行政区行政”现象明显，不同区域和地方呈现出行政区之间恶性竞争的局面，这不仅损害了各行政区自身的利益，而且殃及了区域间的整体利益，导致区际要素流动、产业转移和商品贸易不畅。此外，雾霾等以“外溢化”和“无界化”为特征的区域公共问题反复涌现，地方政府选择“搭便车”的决策消极参与公共治理①，导致京津冀协同发展三大重点领域持续推进的关键掣肘尚未得到有效解决。

① 赵新峰，袁宗威. 京津冀区域政府间大气污染治理政策协调问题研究［J］. 中国行政管理，2014（11）：18 – 23.

3. 改革开放不充分

从京津冀区域内部来看，基础民生服务的互联互通问题仍有待解决；政府系统大数据对接程度不高，城市运行、社会服务和经济发展所需要的信息对接不畅。而从全球视域来看，打造世界级城市群要求城市具有更高的开放度，要求城市广泛吸收，借鉴一切有利于人类文明进步的新思想和新体制。京津冀世界级城市群的打造需要建立在全面开放的基础上。

4. 公共服务不充分

公共财政收入水平的落差是京津冀区域公共服务一体化处于较低水平的重要原因[①]，增加了劳动力流动障碍；而制度设计的落差是京津冀区域城乡差距逐渐拉大的重要原因，短期内公共服务制度质量和水平难以快速统一。[②] 京津冀公共服务一体化本质上就是三地公共服务资源重新分配，这要求地方政府突破“分割配置”框架配置公共资源。

## 二、高技术产业创新生态系统的内部环境

1. 创新发展不平衡

《京津冀创新驱动发展指导意见》《京津冀协同发展科技创新专项规划》的相继实施，为京津冀协同创新提供了体制机制保障。但是，三省市的协同创新和区域整体创新能力不强是该地区乃至我国发展的“阿喀琉斯之踵”，“北京一枝独秀”的不平衡格局尚未真正打破。习近平总书记多次强调，京津冀协同发展根本要靠创新驱动。只有通过协同创新，贯通产业链条、重组区域资源，建立健全区域创新体系，形成京津冀协同创新共同体，才能打造全国创新驱动增长新引擎，这成为京津冀协同发展的共识和必经之路。

---

① 武义青，赵建强．区域基本公共服务一体化水平测度——以京津冀和长三角地区为例［J］．经济与管理，2017，31（4）：11－16.

② 周京奎，白极星．京津冀公共服务一体化机制设计框架［J］．河北学刊，2017，37（1）：130－135.

2. 经济发展不平衡

京津冀区域内部分别处于工业化、信息化、城镇化、农业现代化的不同阶段，河北省长期以来是京津两市矿产资源、工业原料、水资源、电力和农产品的供应地，缺乏如何主动利用京津两市所提供的发展条件的具体谋划①，经济结构和新旧动能严重不匹配。从经济发展水平来看，2017 年北京市人均 GDP 为 128994.11 元，天津市人均 GDP 为 118943.57 元，而河北省人均 GDP 在 5 万元以上的城市只有石家庄、唐山和廊坊，经济发展不平衡，致使资金、信息、人才等逆向回流。

3. 区际合作不充分

京津冀协同发展是区域多目标下的共赢②。虽然在 2015 年中央政治局会议审议通过《京津冀协同发展规划纲要》后，京津冀交通一体化、生态环境保护、产业升级转移等重点领域率先取得突破，但是现阶段仍然存在跨地区应急管理合作机制不健全、区域生态合作框架不完整、跨地域产业协作分工方式落后、区域创新合作结构不均衡、社会组织跨地区不协同等旧问题。

4. 制度供给不充分

政府对京津冀协同发展单一的政府供给无法满足多样的市场需求。一是非首都功能疏解“转得出、稳得住”的激励机制和配套政策有待进一步完善③；二是承接北京产业转移的土地再利用机制缺乏创新，缺乏对闲置土地、低效利用土地的处置实践；三是跨区域转移的利益共享机制有待进一步完善，《京津冀协同发展产业转移对接企业税收收入分享办法》缺少细化政策标准；四是缺少法律供给，协同立法经验不足，难以满足一体化进程中京津冀各区域对法律制度的需求④。

---

① 陆大道．京津冀城市群功能定位及协同发展［J］．地理科学进展，2015，34（3）：265－270.

② 孙虎，乔标．京津冀产业协同发展的问题与建议［J］．中国软科学，2015（7）：68－74.

③ 赵弘．以供给侧改革完善京津冀协同发展的制度保障［J］．求知，2018（5）：50－53.

④ 王宝治，张伟英．京津冀协同立法的困境与出路［J］．河北师范大学学报（哲学社会科学版），2016，39（5）：133－138.

### 三、存在问题分析

六年来，京津冀协同发展取得了一定成效，但对比国内外先进地区，按照以产业协作深入推动区域协同发展的要求，还存在一些突出的问题和困难。

三地产业落差较大，区域产业集聚效应不明显，难以形成产业链的相互衔接。一方面，京津地区产业定位高发展快，与周边河北省产业差距较大，在产业梯度上存在断档，产业链环难以对接；河北省主导产业分布相对分散，产业集中度较低，对京津高新技术产业支撑不足。另一方面，京津地区相对来说国有企业较多，中小企业不够发达，大企业习惯单独打拼、自我配套，市场化专业协作配套不够，制约了区域产业集聚和产业链形成。这是目前三地产业链协作面临的最大困难。

北京在津冀地区技术输出和成果转化率低，研发优势尚未在产业链协作中充分发挥。从 2019 年北京各类技术合同的输出情况来看，输出至外省市的占比达 80%；输出至津冀地区的占输出外省市总数的 5.7%。北京技术合同输出和成果转化覆盖了全国主要城市，并主要集中在珠三角和长三角地区，北京研发成果对京津冀区域的带动作用不够。这是未来三地产业链协作中的最大潜力。

三地高新技术产业缺少高水平合作与高附加值环节，产业链整体竞争力不强。三地高新技术产业链短链、断链现象突出。以生物医药产业为例，三地在中药、化学药品、生物药品等研发、生产、销售等方面各有优势，但是缺乏深层次、高水平的合作，产业链条短，重复投入多，低水平竞争现象突出，拉低了整个产业链条的竞争能力。依据产业微笑曲线，北京和天津高新技术产业主要处于全球垂直产业分工中低端环节，缺少关键核心技术和自主高端品牌等以高附加值为核心的高端环节，区域产业链竞争力有待提升。这是未来三地产业链协作中的提升方向。

总体来看，京津冀协同发展原有的“体制机制难题”“协作共赢难题”

“发展动力难题”尚未有效破解，新的挑战接踵而至：非首都功能有序疏解与高端要素“逆向流动”并存；政府供给单一与市场需求多样呈现“结构性错配”现象；国有企业与民营企业的“同期性疲软”现象没有得到根本性改善[①]；等等。因此，亟待按照高质量发展要求，紧扣京津冀协同发展面临的问题，立足于发挥各地区比较优势和缩小区域发展差距，围绕努力实现基本公共服务均等化、基础设施通达程度比较均衡、人民基本生活保障水平大体相当的目标，深化改革开放，坚决破除地区之间利益藩篱和政策壁垒，加快形成统筹有力、竞争有序、绿色协调、共享共赢的区域协调发展新机制，促进京津冀区域协调发展。

## 第二节　京津冀高技术产业创新生态系统中的知识能量流动分析

随着创新驱动战略上升为国家战略，如何充分发挥产业创新主体的价值创造能力，实现高技术企业间的价值交互及可持续发展是亟须解决的问题。因此，本章选取 2010 ~ 2019 年《中国高技术产业统计年鉴》中京津冀地区各城市的高技术行业数据，根据张贵等（2016）构建的高技术产业创新生态系统综合评价指标体系[②]，以高技术产业主体结构、发展环境、创新与扩散能力和生产经营能力作为一级指标，划分了 10 个二级指标和 22 个三级指标，对基于产业创新生态系统的 13 个城市高技术产业发展与运行进行比较分析。

① 张贵，李佳钰．京津冀协同发展的新形势与新思路［J］．河北师范大学学报（哲学社会科学版），2017，40（4）：5 – 12.

② 张贵，郭婷婷．创新生态系统与我国高新技术产业战略选择［J］．科技与经济，2016，29（5）：15 – 19.

## 一、产业创新生态系统竞争力

高技术产业创新生态系统对系统外部扩散的知识进行捕获，最终体现在系统整体竞争力水平的提升上。因此，首先对其竞争力水平进行评价，运用主成分分析法进行测算，通过计算因子载荷量来反映指标对评价结果的影响程度。运用 SPSS19.0 软件对三大区域评价指标的标准化数据进行主成分分析，得到主成分特征值及方差贡献率，选择提取四个主成分的累计贡献率可以达到 97.11%。将各个主成分特征值占所有主成分特征值之和的比例作为各个主成分的权重，建立衡量创新生态系统竞争力的主成分分析模型，即 $N = A_1F_1 + A_2F_2 + A_3F_3 + A_4F_4$，$A_i$ 代表了主成分的权重，$F_i$ 代表了各个主成分的载荷系数；再将每一个变量原始数据的标准化值乘以因子载荷量，并进行加总可得 4 个公因子的得分，根据所建立的高技术产业创新生态系统竞争力评价模型以及标准化后的指标数据，可以得出 2018 年京津冀地区高技术产业创新生态系统竞争力的评价得分，如表 8－1 所示。

**表 8－1　2018 年京津冀高技术产业创新生态系统竞争力得分**

| 城市 | 同质知识累积度 $A_1F_1$ | 异质知识差异度 $A_2F_2$ | 被动知识惯例度 $A_3F_3$ | 主动知识忘却度 $A_4F_4$ | 总得分 | 排名 |
|---|---|---|---|---|---|---|
| 北京 | 1.67 | 2.5 | 1.25 | 2.92 | 8.33 | 1 |
| 天津 | 1.58 | 2.36 | 1.18 | 2.76 | 7.88 | 2 |
| 石家庄 | 1.07 | 1.9 | 0.95 | 2.42 | 6.34 | 3 |
| 唐山 | 1.26 | 1.99 | 0.85 | 2.21 | 6.31 | 4 |
| 秦皇岛 | 1.21 | 1.82 | 0.91 | 2.12 | 6.06 | 8 |
| 邯郸 | 1.19 | 1.79 | 0.89 | 2.08 | 5.95 | 11 |
| 邢台 | 1.31 | 1.72 | 0.91 | 2.12 | 6.06 | 10 |
| 保定 | 1.23 | 1.85 | 0.93 | 2.16 | 6.17 | 6 |
| 张家口 | 1.16 | 1.54 | 0.97 | 2.13 | 5.79 | 12 |
| 承德 | 1.12 | 1.69 | 0.84 | 1.97 | 5.62 | 13 |
| 沧州 | 1.21 | 1.82 | 0.91 | 2.12 | 6.06 | 7 |
| 廊坊 | 1.25 | 1.88 | 0.94 | 2.19 | 6.25 | 5 |
| 衡水 | 1.21 | 1.92 | 0.81 | 2.12 | 6.06 | 9 |

可以看出，北京、天津和石家庄位于领先地位，竞争优势明显，其在投入、产出、技术、销售、生产效率、服务水平等方面存在巨大潜力。北京高技术产业发展层次相对较高，天津次之，而河北半数以上城市仍然处在工业化进程当中。目前，北京高技术产业集群初步形成，在充分利用各种资源优势的同时，打造了“大集中、小聚集”的格局；天津在软件、生物医药和清洁能源方面具有绝对优势，但受限于总体产量小和本土企业小，其尚未充分发挥知识、技术的集约化、专业化水平；河北从“服务京津、承接辐射”向“主动对接、错位发展”的转变为其高技术产业的发展提供了契机，但重化工业的经济特质使其加剧了对资源和能源的依赖，其不得不停留在具有优势的资源型行业和低端产业链上，技术瓶颈拉低了发展层次。

## 二、知识能量累积

对京津冀地区高技术产业生态系统知识能量累积能力的测度，能够量化创新生态系统促进高技术产业增值及可持续发展的效果。知识能量累积度表示一个系统占有知识的总和，可以用来描述在创新生态系统视角下高技术产业对知识的捕获情况，知识能量累积度越高说明该系统捕获的知识越多，生存能力越强，且具有良好的系统外部知识扩散的环境支撑。利用 Shannon – Wiener 指数模型计算知识能量累积度，即：

$$B_{(s)i} = -\sum_{j=1}^{n} p_{ij} lg(p_{ij}) \qquad (9-1)$$

其中，$B_{(s)i}$表示知识能量累积度，$p_{ij}$表示第 $i$ 个评价对象中所利用的知识 $j$ 占其所有知识的比例。通过计算可以得出 2018 年京津冀地区高技术产业主要生态因子（所选取的主成分 1 和主成分 2）的宽度，如表 8 – 2 所示。

**表 8 – 2　京津冀高技术产业创新生态系统知识能量累积度对比**

| 区域 | 同质知识累积度 | 排名 | 异质知识差异度 | 排名 | 知识能量累积度 | 排名 |
|---|---|---|---|---|---|---|
| 北京 | 0.76 | 1 | 0.71 | 1 | 1.47 | 1 |
| 天津 | 0.72 | 2 | 0.67 | 2 | 1.39 | 2 |

续表

| 区域 | 同质知识累积度 | 排名 | 异质知识差异度 | 排名 | 知识能量累积度 | 排名 |
|---|---|---|---|---|---|---|
| 石家庄 | 0.49 | 3 | 0.54 | 3 | 1.03 | 11 |
| 唐山 | 0.57 | 5 | 0.57 | 4 | 1.14 | 3 |
| 秦皇岛 | 0.55 | 8 | 0.52 | 8 | 1.07 | 8 |
| 邯郸 | 0.54 | 12 | 0.51 | 10 | 1.05 | 10 |
| 邢台 | 0.6 | 4 | 0.49 | 11 | 1.09 | 6 |
| 保定 | 0.56 | 7 | 0.53 | 7 | 1.09 | 6 |
| 张家口 | 0.53 | 11 | 0.44 | 13 | 0.97 | 13 |
| 承德 | 0.51 | 13 | 0.48 | 12 | 0.99 | 12 |
| 沧州 | 0.55 | 8 | 0.52 | 8 | 1.07 | 8 |
| 廊坊 | 0.57 | 5 | 0.54 | 6 | 1.11 | 4 |
| 衡水 | 0.55 | 8 | 0.55 | 5 | 1.10 | 5 |

根据生态位宽度的测度结果，可以将三大区域的主要省域高技术产业创新生态位宽度划分为三个层次：第一层次包括北京和天津，知识能量累积度在区间［1.3－1.5）内，说明其对知识有较强的捕获能力，北京对于同质知识和异质知识的捕获能力都最为突出；第二层次包括唐山、廊坊、衡水、邢台、保定、秦皇岛、沧州、邯郸和石家庄，知识能量累积度在区间［1.1－1.3）内；第三层次包括承德和张家口，知识能量累积度在区间（0.9－1.1）内，说明其对知识的捕获程度最低，知识能量累积明显不足。可以看出，北京、天津、河北的高技术产业在同质知识和异质知识累积方面的差异反映了区域内的产业梯度性。从三次产业的划分来看，北京与天津、天津与河北的产业结构相似系数较高，同质化竞争加剧；而从进一步细分的行业来看，三地产业结构的梯度性增强而互补性减弱，在结构型错位的影响下形成了“断崖式”差距，导致河北在被动承接京津产业转移的过程中更难协同。

### 三、知识能量惯例

运用生态位适宜度评价模型对京津冀地区高技术产业创新生态系统的知识

能量惯例进行测量①，即：

$$k_i = \sum_{j=1}^{n} \omega_i \frac{\min\{|x'_{ij} - x_{aj}|\} + \delta\max\{|x'_{ij} - x_{aj}|\}}{|x'_{ij} - x_{aj}| + \delta\max\{|x'_{ij} - x_{aj}|\}} \tag{9-2}$$

其中，$k_i$ 表示第 $i$ 个评价对象内高技术产业发展的适宜度（取值范围在0～1内），$k_i$ 越大说明其现实组织惯例与最适组织惯例之间的差异越小；$\omega_i$ 表示生态因子的权重（本书通过熵值法确定权重）。通过计算可以得出三大区域高技术产业知识能量惯例度，如表 8-3 所示。

**表 8-3　京津冀高技术产业创新生态系统知识能量惯例度对比**

| 区域 | $k_i$ | 排名 | 区域 | $k_i$ | 排名 | 区域 | $k_i$ | 排名 |
|---|---|---|---|---|---|---|---|---|
| 北京 | 0.292 | 1 | 邯郸 | 0.209 | 11 | 沧州 | 0.213 | 7 |
| 天津 | 0.276 | 2 | 邢台 | 0.213 | 7 | 廊坊 | 0.221 | 4 |
| 石家庄 | 0.209 | 10 | 保定 | 0.217 | 6 | 衡水 | 0.220 | 5 |
| 唐山 | 0.228 | 3 | 张家口 | 0.190 | 13 | | | |
| 秦皇岛 | 0.213 | 7 | 承德 | 0.197 | 12 | | | |

从测度结果来看，珠三角的知识能量惯例度最高，其高技术产业基本能够实现稳定高效的生态化运行，长三角次之，京津冀最差。值得注意的是，张家口高技术产业知识能量惯例度仅为 0.19，从区域和省域来看都反映出巨大落差。

## 四、知识能量提升

为进一步判断三大区域高技术产业创新生态系统发展的知识能量提升度，引入进化动量模型：

$$P_i = \sqrt{\frac{\sum_{j=1}^{n} |X_{ij} - X_{aj}|}{n}} \quad (i = 1,2,3\cdots,n) \tag{9-3}$$

① 张贵，吕长青．基于生态位适宜度的区域创新生态系统与创新效率研究［J］．工业技术经济，2017，36（10）：12-21.

其中，$P_i$ 表示进化动量值；$X_i$ 表示现实生态位，$X_i=(X_{i1}, X_{i2}, X_{i3}, \cdots, X_{in})$；$X_a$ 表示最佳生态位，$X_a=(X_{a1}, X_{a2}, X_{a3}, \cdots, X_{an})$。通过计算可以得出京津冀地区高技术产业创新生态系统的知识能量进化动量值，如表 8－4 所示。

**表 8－4　京津冀高技术产业创新生态系统知识能量提升度对比**

| 区域 | $P_i$ | 排名 | 区域 | $P_i$ | 排名 | 区域 | $P_i$ | 排名 |
|---|---|---|---|---|---|---|---|---|
| 北京 | 0.439 | 13 | 邯郸 | 0.617 | 4 | 沧州 | 0.608 | 6 |
| 天津 | 0.463 | 12 | 邢台 | 0.556 | 11 | 廊坊 | 0.585 | 10 |
| 石家庄 | 0.680 | 1 | 保定 | 0.595 | 8 | 衡水 | 0.606 | 7 |
| 唐山 | 0.589 | 9 | 张家口 | 0.629 | 3 | | | |
| 秦皇岛 | 0.616 | 5 | 承德 | 0.654 | 2 | | | |

从测度结果来看，北京的进化动量值最小，说明其现实生态位基本接近最适生态位，高技术产业创新生态系统能够可持续发展提升价值；河北省各城市进化动量值较大，说明其知识能量提升空间巨大，能够通过高技术产业创新生态系统形成促使知识能量不断涌现的可持续发展动力。

## 第三节　京津冀高技术产业发展的对策建议

从差距及成因分析可以看出，以平台化的组织形式实现高技术产业的网状连接，构建创新生态系统形成“一荣俱荣”的共生局面，是培育京津冀协同发展新动能的客观要求。推进高技术产业创新生态系统建设，不仅要准确把握创新生态系统的内在异质性和影响因子，还要以优化基础体系为路径催生新业态，以健全支撑体系为路径培育新模式，以完善引导体系为路径挖掘新引擎，使高技术产业创新生态系统真正成为京津冀协同发展的新动能。

## 一、优化基础体系，催生高技术产业新业态

优化基础体系必须与京津冀高技术产业发展的需求同步，强化“主体”与改善“环境”同步，从促进产业主体成长、加强产业平台建设和优化产业发展环境三个方面搭建创新生态系统的基础体系，催生高技术产业新业态。

1. 促进高技术产业主体成长

对高技术产业相关主体而言，首先要提高研究主体质量，优化产业创新组织结构，丰富产业创新主体种类，充分发挥中介组织的协调作用；其次要完善开发主体建设，增加开发主体类别，延伸产业链条，扩大交易市场；最后要扩大应用主体规模，注重市场导向，规范市场秩序，建立用户反馈机制，通过建立核心技术引领市场走向。

2. 加强高技术产业平台建设

高技术产业的产业链结构复杂，一方面需要借助信息科技进步催生的大数据、云计算、物联网等建立信息共享平台，实现跨部门、跨区域、跨层级、跨系统的数据交换与共享，破除行政壁垒；另一方面依托“互联网+”打造高技术企业“双创”平台，深化工业云等技术的集成应用，促进技术产品创新和经营管理优化，提升高技术企业整体竞争力。

3. 优化高技术产业发展环境

既要树立京津冀合作共赢的区域整体发展观，逐步消除阻碍高技术产业生产要素和商品自由流动的体制性障碍与壁垒；又要建立全国性的交通网络、通信网络、能源设施、防灾设施等基础设施，为新动能的萌芽和茁壮成长营造沃土。

## 二、健全支撑体系，创造高技术产业新模式

健全支撑体系要从解决“脱实向虚”问题着手，完善“硬件”与丰富

"软件"相结合，从强化创新支撑要素和完善创新服务体系两个方面承建创新生态系统的支撑体系，培育高技术产业新模式。

1. 强化创新支撑要素

京津冀政府要对高技术产业发展给予必要的创新支撑要素：一是要注重培育企业家创新精神，提高企业家素质及管理才能，对创新生态系统内成功企业家进行宣传和激励，形成扩散效应；二是要保障企业的创新利益，明确产权归属并赋予其一定的垄断权力，尤其是在倡导开放性与共享性的创新生态系统中，通过维护企业个体利益形成创新激励机制。

2. 构建创新服务体系

京津冀政府还要对高技术产业协同合作给予必要的服务支撑：一是建立完善的金融服务体系，在投融资机构层面给予优惠政策，辅以制度安排和监管约束；二是建立种类多样的中介服务机构，并在市场层面扩展进入渠道；三是要注重创新型人才的引进和引流，疏解首都的人口和就业压力。

## 三、完善引导体系，挖掘高技术产业新引擎

完善引导体系要从时间和空间上统筹，提高创新扩散的效率，从把握产业周期规律和提升产业创新扩散效率两个方面完善创新生态系统的引导体系，挖掘高技术产业新引擎。

1. 把握产业周期规律

在高技术产业发展的初级阶段，北京和天津应加强对河北的创新政策倾斜，降低进入门槛，增加创新主体的多样性；在高技术产业发展的成熟阶段，建立信息共享机制和风险防控机制，保障京津冀协同发展的可持续性；在高技术产业发展的转型升级阶段，发挥政府主导和引领作用，拓宽产业要素学习、迁移与扩散的途径，增强产业主体对系统知识、信息、资源的捕获能力，引导产业平滑演进。

2. 提升产业创新扩散效率

面对代表技术和需求发展新趋势的新引擎，传统的动力机制越发显得落

后。京津冀高技术产业既要以创意的涌现者作为创新源头，助其扩散到整个创新生态系统中，提高创新扩散的效率；又要逐步加强河北对比北京和天津的空间作用强度，通过创新扩散实现高技术产业深层次进化，从而实现京津冀协同发展下的共赢。

## 本章小结

高技术产业是京津冀打造全国创新驱动经济增长新引擎的经济“基石”，创新生态系统的构建是高技术产业发展的最新趋势和必然选择。基于此，本章以京津冀高技术产业为例，基于京津冀地区各城市高技术产业的相关数据，对产业创新生态系统竞争力、知识能量累积、知识能量惯例和知识能量提升进行测算，旨在揭示高技术产业发展的差距与成因，并进一步验证产业创新生态系统中的知识能量流动机理。研究表明：京津冀高技术产业发展存在“断崖式”差距，归因于发展层次落差、产业结构错位、地方保护严密和市场缺乏活力。最后，本章以催生新业态、创造新模式和挖掘新引擎为路径，提出培育京津冀高技术产业创新生态系统协同发展的对策建议。

# 第九章

# 结论与展望

## 第一节　研究结论

本书结合生态学理论和知识管理理论，从产业层面出发，认为一个有效的创新生态系统是能够不断地进行知识能量流动的系统，是知识能量在不同情境下价值累积、价值惯例和价值提升的表征。本书从“知识势能”“知识动能”和“知识内能”三个维度进行研究，建立了更加系统化的研究框架，以此弥补创新生态系统研究“宏观”多于“微观”、“整体”多于“还原”的短板。基于上述考虑，本书对知识能量流动的机理进行深入分析和探讨，得出以下结论：

第一，知识具有生态能量学特征，“知识势能”“知识动能”和“知识内能”共同决定了知识能量结构，知识能量结构是影响知识能量流量和流向的关键因素。知识能量是生态学和空间视角下知识的创造价值，是产业创新主体创新潜力的表征，可以划分为“知识势能”“知识动能”和“知识内能”三个维度。在现实的创新生态系统中，企业更多关注的是知识在创新网络中起到的作用，而这种作用在创新生态系统网络全局中还可以进行比较，因而特定结构的知识可以理解为一种标量，知识从这个意义上来说具有本书提出的生态能量学结构特征。在此基础上，产业创新主体共同捕获产业创新生态系统外部知识扩散的过程构成了知识能量累积系统；产业创新生态系统中的产业创新主体间价值学习与价值反哺的过程构成了知识能量惯例系统；产业创新生态系统催化产业创新主体价值涌现的过程构成了知识能量提升系统。知识替代是知识能量流动的必要条件，知识能量流动的流量和流向是由知识能量结构，以及产业创新生态系统克服新知识催化的挑战与扩展旧知识涌现的机会共同决定的，两种力量的平衡构成了创新生态系统的稳健共存、弹性错觉和创造破坏三种流动情境。在给定的产业创新生态系统情境下，知识能量流动的必要条件是知识替代。知识能量流动正是创造性破坏的浪潮对市场冲击的价值体现，在不同的情境下展示出价值提升的显著差异，这正是仿真分析推出的必然结论。

第二，产业创新生态系统外部知识扩散是系统价值累积的必要条件，产业创新生态系需要对捕获同质知识和异质知识进行平衡，以达到知识势能的最大化。产业创新生态系统外部知识扩散与系统价值累积间的关系是非线性的、辩证的。产业创新生态系统中的知识势能受到同质知识累积度和异质知识差异度的正向影响。可以认为，产业创新生态系统的同质知识累积水平的提高使价值创造突破了产业创新主体差异化的限制，进而加快了产业创新生态系统中的价值交互；产业创新主体的异质知识差异水平的提高使价值流动突破了产业创新主体同质化的限制，进而加快了产业创新生态系统中的价值创造。一方面，产业创新生态系统外部知识扩散不足，产业创新生态系统的同质知识存量低，导致协同创新困难，无法真正发挥产业创新生态系统的优势；另一方面，过度的产业创新生态系统外部知识扩散又会导致产业创新主体的异质知识差异度降低，同质知识累积度升高，不利于价值交互。根据知识创造模型和知识生产函数，知识创造价值既需要一定的同质知识，又需要一定的异质知识。对于产业创新生态系统来说，产业创新既需要一定的同质知识作为协同创新的基础，又需要不同产业创新主体的知识异质性，以此来挖掘产品创新研发和经营创新管理的新方法和新思路。

第三，产业创新生态系统中的价值流动伴随知识势能与知识动能间的相互转化，是形式化的价值学习与价值反哺形成价值惯例的作用，是产业创新生态系统中价值流动形成的原因。在产业创新主体与知识能量空间之间的相互作用过程中，知识势能与知识动能间的转化是同时进行的。知识动能转化为知识势能的过程中，知识整体能量是上升的；与此相反的是，知识势能转化为知识动能的过程中，知识整体能量是下降的。在这样的分析框架中，产业创新主体间的价值交互是以增大知识势能为前提的，但是在其知识能量的转移过程中，却是以势能转化为动能为途径的。在产业创新生态系统的价值流动的过程中，知识势能转化为知识动能是自发的，直接影响产业创新主体的整体有序性，从而影响知识能量的形式转变。可以认为，产业创新主体知识能量空间在接受外界价值输入的情况下，其有序性有提高的趋势，从而会逐渐形成某种特定的结构，产业创新主体的异质性由此产生。伴随着产业创新主体知识能量空间的异质性的产生，产业创新主体在产业创新生态系统中整体的知识能量逐渐提高，从而可以获得竞争优势。产业创新主体间的价值流动正是在产业创新生态系统中以知识势能与知识动能间的价值交互方式进行的，其动力因素由产业创新主体相互间的广义作用力决定，这种广义作用力可以通过引力场的作用形式化，而产业创新主体间的价值流动由对应产业创新主体的知识能量结构决定。产业创新主体间的价值流动对价值流出方具有外部性，价值交互会影响产业创新生态系统的整体有序性，从而影响产业创新主体的知识能量结构。

第四，价值流动是产业创新生态系统价值提升的必要条件，对产业创新主体内化知识创新和外化知识老化的影响截然相反，知识替代催化价值流动需要对两者进行平衡，以达到价值涌现的最大化。知识能量流动是创新生态系统的基本功能，创新生态系统的价值提升是在知识价值化过程中产生流动的结果，类似于不可逆热力学理论昂萨格倒易关系，是微观层面知识价值创造在宏观系统价值提升尺度上的反映。基于此，本书提出了“知识内能”的概念，从知识时效性视角将其分解为外化知识创新和内化知识老化两个维度，通过模型分析和实证研究证明了内化知识创新是正向影响价值流动和价值提升的中介变量，外化知识老化是负向影响价值流动和价值提升的中介变量，合理的价值流动需要从知识时效性的角度对两者进行平衡，从而驱动创新生态系统的价值提升。此外，实证研究证明了知识替代的两种催化作用，说明内化知识创新需要通过评估其对应新技术创新生态系统的发展情境来测量，外化知识老化需要通过评估其对应旧技术创新生态系统的发展情境来测量。对创新生态系统中的创新主体而言，重要的不是对新知识本身知识创新挖掘，也不是对旧知识本身知识老化止损，而是在新旧知识交替的产业创新生态系统中对价值提升的预期与控制。

## 第二节　管理意义

科学的任务是揭示事物运动的本质和规律；科学学的任务是研究科学和科学活动的发展规律及社会功能；管理科学的任务是研究管理理论、方法和管理实践活动的一般规律。本书通过自然科学理论解释社会科学的本质，研究了创新生态系统的发展规律和知识管理实践活动的一般规律，具有以下管理意义：

一是管理者要重视产业创新生态系统知识能量流动情境。管理者应通过知识能量流动积极嵌入旧技术创新生态，着力提高与其配套的创新主体与基础设施的数据和信息的供应能力，在其过程中凝聚形成高能质的知识能量，为创新生态系统的运行提供驱动力。另一方面，管理者应有效利用新技术的市场需求，尤其是寻求更好的“催化”与“反哺”方式实现价值最大化，在新技术的发展程度较低的时候快速占据需求市场，在新技术发展程度较高的时候快速占据供给市场。此外，在应对新旧技术交替对创新生态系统运行影响的过程中，管理者应该更加注重旧技术改进和新技术发展的时机，选择处于知识能量流动能力和流动意愿高的创造破坏情境，最大化知识能量流动价值。

二是产业创新生态系统的发展要谨防价值累积的“绩效”导向。对于不同行业以及处于不同生命周期的产业创新生态系统来说，对知识能量流动的鼓励及限制应该相机而动。在产业创新生态系统的萌芽期，企业间沟通较少，缺乏同质知识，各个企业拥有的知识差异度较高，此时如果地方政府、中介机构通过建立响应基础设施和管理体制鼓励知识能量流动，便能增加产业创新生态系统的同质知识，易于企业间的合作创新。此时既能通过释放多余的异质知识差异度来解决同质知识的瓶颈，又不会损害单个企业的利益，不会导致产业创新生态系统内企业的同质化。但是，当产业创新生态系统发展到一定程度，企业间管理者、普通员工的交流比较充分，出现了“知识弥漫在空气中”的情景，此时鼓励知识能量流动就不再合理，此时决定产业创新生态系统价值创造的短板是异质知识多样性，应该鼓励企业从多渠道捕获知识能量，并且实施一定的知识产权保护，以期增加异质知识的差异度。

三是产业创新生态系统的运行要参考价值流动的“场域”背景。由于产业创新生态系统以产业创新主体为重要节点，知识的能量无法在普通欧氏空间中进行流动。从本质上来说，产业创新主体不同结构的知识能量只能由一个非欧式空间里面的不同空时点的仿射联络关系来决定。因此，未来的理论研究应该集中于知识能量空间中的度规结构与映射范式的研究。相应在实证研究上，需要积累产业创新发展经验，以及量化产业创新主体到知识能量空间的度规结构与能量的映射联系。

四是产业创新生态系统的演化要考量价值提升的“时效”特征。首先，在知识创造价值的视角下，管理者应将创新生态系统的演化视为价值演化，有助于创新主体在不可逆的技术替代影响下进行知识管理决策；其次，明确考虑内化知识创新和外化知识老化间的动态关系，有助于管理者实现企业创造知识价值最大化的资源配置；最后，本书是在特定产业背景下进行的假设检验，但技术替代的外生性和知识创造价值的内生性是普适的，研究提出的分析框架有助于管理者“由外而内”地参与和应对创新生态系统的价值提升。

## 第三节　研究展望

本书仅限于理论层面的推导，未来有待进一步的实证研究和拓展。作为“知识流动”理论的质疑与延伸，本书所用的仿真数据为虚拟数据，这在一定程度上影响了研究结论的普适性，未来研究中可以考虑进一步收集多产业的样本数据。此外，作为“知识管理”的生态学经验解释，本书提出的知识势能、知识动能和知识内能仅是定量研究的工具，缺乏更为广泛的学术认同和统一的度量标准，未来的研究中可以借鉴生态学能值分析的方法，以进一步刻画知识能量在创新生态系统中流动的内在价值体现，建立更为系统和全面的研究模型。

本书虽力求符合科学的原则，但由于多方面的原因，研究受到较多限制，这些局限主要表现在以下三方面：

一是度量上的局限。研究采用问卷调查法，由既定产业的从业人员回答有关所处产业创新生态系统中的相关问题，其回答不一定能反映产业创新主体多方面的真实情况。如果能对地方政府、科技中介机构等多个对象进行调查，问卷质量将会更高，研究结论也将更为科学。

二是横断面数据的局限。本书的研究变量大多属于存量变量，具有很大的敏感性，其因果关系推断应采用纵向的时序数据来进行实证验证，但由于条件限制，本书采用的是横断面数据，在因果关系的推断上需谨慎，以尽量避免出现逻辑问题。

三是研究模型的局限。研究模型只考虑了各中介变量两个方面的中介效应，模型构建较为简单，在其中加入更多的中介变量维度将有助于进一步揭示产业创新生态系统中的知识能量流动机理。

以上不足将是今后研究的主要方向。

# 参考文献

[1] Acs Z, Audretsch D B, Braunerhjelm P , et al. The Knowledge Spillover Theory of Entrepreneurship [J] . Small Business Economics, 2013, 41 (4): 757 -774.

[2] Adams P, Fontana R, Malerba F. The Magnitude of Innovation by Demand in a Sectoral System: The Role of Industrial Users in Semiconductors [J] . Research Policy, 2013, 42 (1): 1 -14.

[3] Adner R, Feiler D. Interdependence, Perception, and Investment Choices: An Experimental Approach to Decision Making in Innovation Ecosystems [J] . Organization Science, 2019, 30 (1): 109 -125.

[4] Adner R, Kapoor R. Innovation Ecosystems and the Pace of Substitution: Re - examining Technology S - curves [J] . Strategic Management Journal, 2016a, 37 (4): 625 -648.

[5] Adner R, Kapoor R. Right Teck, Wrong Time [J] . Harvard Business Review, 2016b, 94 (11): 60 -67.

[6] Adner R, Kapoor R. Value Creation in Innovation Ecosystems: How the Structure of Technological Interdependence Affects Firm Performance in New Technology Generations [J] . Strategic Management Journal, 2010, 31 (3): 306 -333.

[7] Adner R. Ecosystem as Structure [J]. Journal of Management, 2017, 43 (1): 39-58.

[8] Adner R. Match Your Innovation Strategy to Your Innovation Ecosystem [J]. Harvard Business Review, 2006, 84 (4): 1-11.

[9] Adner R. Navigating the Leadership Challenges of Innovation Ecosystems [J]. MIT Sloan Management Review, 2016, 58 (1): 29-51.

[10] Ahammad M F, Tarba S Y, Liu Y, et al. Knowledge Transfer and Cross-border Acquisition Performance: The Impact of Cultural Distance and Employee Retention [J]. International Business Review, 2016, 25 (1): 66-75.

[11] Anil K. Gupta, Vijay Govindarajan. Knowledge Flows and the Structure of Control within Multinational Corporations [J]. The Academy of Management Review, 1991, 16 (4): 768-792.

[12] Autio E, Thomas L. Innovation Ecosystem: in the Oxford Handbook of Innovation Management [M]. UK: Oxford University Press, 2014.

[13] Bahar D, Rapoport H. Migration, Knowledge Diffusion and the Comparative Advantage of Nations [J]. Economic Journal, 2018, 8 (12): 1357-1368.

[14] Bilgihan A, Barreda A, Okumus F, et al. Consumer Perception of Knowledge-sharing in Travel-Related OnlineSocial Networks [J]. Tourism Management, 2016 (52): 287-296.

[15] Brandenburger A M, Nalebuff B J. Co-opetition [M]. New York: Crown Business, 1996.

[16] Brandenburger A, Nalebuff B. The Right Game: Use Game Theory to Shape Strategy [J]. Harvard Business Review, 1995, 76 (7): 57-71.

[17] Caniëls M C J, Verspagen B. Barriers to Knowledge Spillovers and Regional Convergence in an Evolutionary Model [J]. Journal of Evolutionary Economics, 2001, 11 (3): 307-329.

[18] Cassiman B, Valentini G. Open Innovation: Are Inbound and Outbound Knowledge Flows Really Complementary? [J]. Strategic Management Journal, 2016, 37 (6): 1034-1046.

[19] Chae B K. A General Framework for Studying the Evolution of the Digital Innovation Ecosystem: The Case of Big Data [J]. International Journal of Information Management, 2019, 45: 83-94.

[20] Cho D H, Yu P I. Influential Factors in the Choice of Technology Acquisition Mode: an Empirical Analysis of Small and Medium Size Firms in the Korean Telecommunication Industry [J]. Technovation, 2000, 20 (12): 691-704.

[21] Choudary S P, Alstyne M W V, Parker G G. Platform Revolution: How Networked Markets Are Transforming the Economy—And How to Make Them Work for You [M]. New York: Norton and Co., 2016.

[22] Cohen D, Bacdayan P. Organization Routines as Stored Procedural Memory: Evidence From a Laboratory Study [J]. Organization science, 2019, 5 (4): 54-68.

[23] Cook R E. Raymond Lindeman and the Trophic-Dynamic Concept in Ecology [J]. Science, 1977, 198 (4312): 22-26.

[24] Cosaert S. What Types are There? [J]. Computational Economics, 2017, 53 (2): 1-22.

[25] Dong Y, Bartol K M, Zhang Z X, et al. Enhancing Employee Creativity Via Individual Skill Development and Team Knowledge Sharing: Influences of Dual-focused Transformational Leadership [J]. Journal of Organizational Behavior, 2017, 38 (3): 12-41.

[26] Drucker P F. Post-Capitalist Society [M]. Oxford: Butterworth Heinemann, 1993.

[27] Eisenhardt K M, Martin J A. Dynamic Capabilities: What are They? [J]. Strategic Management Journal, 2000, 21 (10-11): 1105-1121.

[28] Emily Bacon, Michael D. Williams, Gareth H. Davies. Recipes for Success: Conditions for Knowledge Transfer Across Open Innovation Ecosystems [J]. International Journal of Information Management, 2019 (49): 377 – 387.

[29] Fukugawa N. Knowledge Spillover from University Research Before the National Innovation System Reform in Japan: Localisation, Mechanisms, and Intermediaries [J]. Asian Journal of Technology Innovation, 2016 (1): 1 – 23.

[30] Gawer A, Cusumano M A. Platform Leadership: How Intel, Microsoft, and Cisco Drive Industry Innovation [M]. Boston: Harvard Business Press, 2002.

[31] Grover Purva, Kar Arpan Kumar, Davies Gareth. "Technology Enabled Health"—Insights from Twitter Analytics with a Socio – technical Perspective [J]. International Journal of Information Management, 2018 (43): 85 – 97.

[32] Gruber T R. Toward Principles for the Design of Ontologies Used for Knowledge Sharing [J]. International Journal of Human – Computer Studies, 1995, 43 (5 – 6): 907 – 928.

[33] Gulati R. Network Location and Learning: The Influence of Network Resources and Firm Capabilities on Alliance Formation [J]. Strategic Management Journal, 2018 (20): 397 – 420.

[34] Gupta A K, Govindarajan V. Knowledge Flows within Multinational Corporations [J]. Strategic Management Journal, 2015, 21 (4): 473 – 496.

[35] Hagiu A, Wrigh J. Multi – sided Platforms [J]. International Journal of Industrial Organization, 2015, 43: 162 – 174.

[36] Hendriks P. Why Share Knowledge? The Influence of ICT on The Motivation for Knowledge Sharing [J]. Knowledge & Process Management, 2015, 6 (2): 91 – 100.

[37] Herrmann P C. On the Ontological Foundations of Evolutionary Economics [M]. Evolutionary Economics: Program and Scope, Springer Netherlands, 2001.

[38] Huang H, Chen J, Yu F, et al. Establishing the Enterprises' Innovation Ecosystem Based on Dynamics Core Competence—The Case of China's 2High - Speed Railway [J]. Emerging Markets Finance & Trade, 2019, 55 (4): 843 - 862.

[39] Iansiti M, Levien R. The keystone advantage: What the New Dynamics of Business Ecosystems Mean for Strategy, Innovation and Sustainability [M]. Boston: Harvard Business Press, 2004.

[40] Iansiti M, Levien R. The Keystone Advantage: What the New Dynamics of Business Ecosystems Mean for Strategy, Innovation, and Sustainability [M]. Boston: Harvard Business Press, 2004.

[41] Ibrahim S, Fallah M H. Drivers of Innovation and Influence of Technological Clusters [J]. Engineering Management Journal, 2005, 17 (3): 33 - 41.

[42] Jacobides M G, Knudsen T, Augier M. Benefiting from Innovation: Value Creation, Value Appropriation and the Role of Industry Architectures [J]. Research Policy, 2006, 35 (8): 1200 - 1221.

[43] Jacobides M G, Macduffie J P, Tae C J. Agency, Structure, and the Dominance of OEMs: Change and Stability in the Automotive Sector [J]. Strategic Management Journal, 2015, 37 (9): 1942 - 1967.

[44] Kapoor K K, Tamilmani K, Rana N P, et al. Advances in Social Media Research: Past, Present and Future [J]. Information Systems Frontiers, 2018, 20 (4): 1 - 28.

[45] Kapoor R, Lee J M. Coordinating and Competing in Ecosystems: How Organizational Forms Shape New Technology Investments [J]. Strategic Management Journal, 2013, 34 (3): 274 - 296.

[46] Kotabe M, Dunlap - Hinkler D, Parente R, et al. Determinants of Cross - national Knowledge Transfer and Its Effect on Firm Innovation [J]. Journal

of International Business Studies, 2007, 38 (2): 259 – 282.

[47] Lavie D, Singh H. The Evolution of Alliance Portfolios: The Case of Unisys [J] . Industrial and Corporate Change, 2012, 21: 763 – 809.

[48] Lindeman R L. The Trophic – Dynamic Aspect of Ecology [J] . Ecology, 1942, 23 (4): 399 – 417.

[49] Malerba F. Sectoral Systems of Innovation: A Framework for Linking Innovation to the Knowledge Base, Structure and Dynamics of Sectors [J] . Economics of Innovation & New Technology, 2005b, 14 (1 – 2): 63 – 82.

[50] Malerba F. Sectoral Systems of Innovation: Concepts, Issues and Analyses of Six Major Sectors in Europe [J] . Technological Forecasting & Social Change, 2005a, 72 (9): 1153 – 1154.

[51] Milagres R, & Burcharth A. Knowledge Transfer in Interorganisational Partnerships: What Do We Know? [J] . Business Process Management Journal, 2019, 25 (1): 27 – 68.

[52] Moore J F. The Death of Competition: Leadership and Strategy in the Age of Business Ecosystems [M] . New York: Harper Collins, 1996.

[53] Mowery D C, Oxley J E, Silverman B S. Strategic Alliances and Interfirm Knowledge Transfer [J] . Strategic Management Journal, 2015, 17 (S2): 77 – 91.

[54] Narteh B. Knowledge Transfer in Developed – developing Country Interfirm Collaborations: A Conceptual Framework [J] . Journal of Knowledge Management, 2008, 12 (1): 78 – 91.

[55] Nathan R, Mullerlandau H C. Spatial Patterns of Seed Dispersal, Their Determinants and Consequences For Recruitment [J] . Trends in Ecology & Evolution, 2000, 15 (7): 278 – 285.

[56] Nunn R. The Innovation Ecosystem and Knowledge Management: A Practitioner's Viewpoint [J] . Business Information Review, 2019, 36 (2): 70 – 74.

[57] Odum E P. Energy Flow in Ecosystems: A Historical Review [J] . American Zoologist, 1968, 8 (1): 11 -18.

[58] Odum H T. Environmental Accounting: Energy and Environment Decision Making [M] . New York: Wiley, 1996.

[59] Olaisen J, Revang O. The Dynamics of Intellectual Property Rights for Trust, Knowledge Sharing and Innovation in Project Teams [J] . International Journal of Information Management, 2018, 37 (6): 583 -289.

[60] Orazbayev S. International Knowledge Flows and the Administrative Barriers to Mobility [J] . Research Policy, 2017, 46 (9): 913 -954.

[61] Osterwalder A, Pigneur Y, Tucci C L. Clarifying Business Models: Origins, Present, and Future of the Concept [J] . Communications of the Association for Information Systems, 2015 (16): 1 -25.

[62] Paker G G, Van Alstyne M W, Choudary S P. Platform Revolution [M] . New York: Norton and Co, 2016.

[63] Powell W W, Koput K W, Smith -Doerr L. Interorganizational Collaboration and the Locus of Innovation: Networks of Learning in Biotechnology [J] . Administrative Science Quarterly, 2017 (41): 116 -145.

[64] Pucci T, Runfola A, Guercini S, et al. The Tole of Actors in Interactions Between "Innovation Ecosystems": Drivers and Implications [J] . IMP Journal, 2018, 12 (2): 333 -345.

[65] Pór G. Designing knowledge ecosystems for communities of practice [EB/OL] . http: //www. co -i -l. com/coil/knowledge -garden/dkescop/index. shtml, 1997 -09 -30.

[66] Radziwon A, Bogers M. Managing SMEs' Collaboration Across Organisational Boundaries Within a Regional Business Ecosystem [M] . Singapore: World Scientific Publishing, 2018.

[67] Rogers E M. Diffusion of Innovations (3rd Edition) [M]. New York: Free Press, 1983.

[68] Romer P M. Increasing Returns and Long – Run Growth [J]. Journal of Political Economy, 1986, 94 (5): 1002 – 1037.

[69] Rong K, Shi Y. Business Ecosystems: Constructs Configurations and the Nurturing Process [M]. London: Palgrave Macmillan, 2014.

[70] Sako M. Technology Strategy and Management: Business Ecosystems: How Do They Matter for Innovation [J]. Communications of the ACM, 2018, 61 (4): 20 – 22.

[71] Simonin B L. An Empirical Investigation of The Process of Knowledge Transfer in International Strategic Alliances [J]. Journal of International Business Studies, 2004, 35 (5): 407 – 427.

[72] Sturm H, Wolter F, Zakharyaschev M. Common Knowledge and Quantification [J]. Economic Theory, 2002, 19 (1): 157 – 186.

[73] Szmal A, Janiszewski A. Activites of Knowledge Intermediaries in Regional Innovation System—Experiences, Perspectives and Challenges [J]. International Multidisciplinary Scientific Conference on Social Sciences & Arts SGEM, 2018 (5): 11 – 18.

[74] Tansley A G. The Use and Abuse of Vegetational Concepts and Terms [J]. Ecology, 1935, 16 (3): 284 – 307.

[75] Tiwana A. The Knowledge Management Toolkit: Practical Techniques for Building a Knowledge Management System [M]. Prentice Hall: Upper Saddle River, 2000.

[76] Tiwana A. The Knowledge Management Toolkit [M]. Prentice Hall, NJ: Upper Saddle River, 2002.

[77] Todo Y, Matous P, Inoue H. The Strength of Long Ties and the Weakness of Strong Ties: Knowledge Diffusion Through Supply Chain Networks [J]. Research

Policy, 2016, 45 (9): 1890 - 1906.

[78] Ulaga W . Customer Value in Business Markets: An Agenda for Inquiry [J] . Industrial Marketing Management, 2001, 30 (4): 315 - 319.

[79] Verspagen B. Measuring Intersectoral Technology Spillovers: Estimates from the European and US Patent Office Databases [J] . Economic Systems Research, 1997, 9 (1): 47 - 65.

[80] Vissers G, Dankbaar B. Starting Up and Growing Stronger: Life Lessons From a Biotechnology Company [J] . Management & Organizational History, 2014, 9 (1): 45 - 68.

[81] Vries W D, Dolfsma W A, Windt H J V D, et al. Knowledge Transfer in University - Industry Research Partnerships: A Review [J] . Journal of Technology Transfer, 2018 (4): 1 - 20.

[82] Walsh J P, Ungson G R. Organizational Memory [J] . The Academy of Management Review, 1991, 16 (1): 77 - 94.

[83] Wang C C , Wu A . Geographical FDI knowledge Spillover and Innovation of Indigenous Firms in China [J] . International Business Review, 2016, 25 (4): 895 - 906.

[84] Yanadori Y, Cui V. Creating Incentives for Innovation? The Relationship Netween Pay Dispersion in R&D Groups and Firm Innovation Performance [J] . Strategic Management Journal, 2013, 34 (12): 1502 - 1511.

[85] Yao Y, Zhou H. The Dynamic Equilibrium and Simulation of Mobile Internet Platform Innovation Ecosystem: A Symbiotic Evolution Model [J] . Kybernetes, 2016, 45 (9): 1406 - 1420.

[86] Zhuge H, Guo W, Li X. The Potential Energy of Knowledge Flow [J] . Concurrency and Computation: Practice and Experience, 2006, 19 (15): 2067 - 2090.

[87] Zolfagharian M, Akbari R, Fartookzadeh H. Theory of Knowledge in System Dynamics Models [J]. Foundations of Science, 2014, 19 (2): 189-207.

[88] Zollo M, Winter S G. Deliberate Learning and the Evolution of Dynamic Capabilities [J]. Organization Science, 2002, 13 (3): 339-351.

[89] Zott C, Amit R, Massa L. The Business Model: Recent Developments and Future Research [J]. Journal of Management, 2018 (37): 1019-1042.

[90] 白景坤. 组织惰性的生成与克服研究 [D]. 东北财经大学, 2009.

[91] 陈怀超, 蒋念, 范建红. 转移情境影响母子公司知识转移的系统动力学建模与分析 [J]. 管理评论, 2017, 29 (12): 62-71.

[92] 陈劲, 吴波. 开放式创新下企业开放度与外部关键资源获取 [J]. 科研管理, 2012 (9): 10-21.

[93] 陈劲, 阳银娟. 外部知识获取与企业创新绩效关系研究综述 [J]. 科技进步与对策, 2014, 31 (1): 156-160.

[94] 丁玲, 吴金希. 核心企业与商业生态系统的案例研究: 互利共生与捕食共生战略 [J]. 管理评论, 2017, 29 (7): 244-257.

[95] 杜静, 魏江. 知识存量的增长机理分析 [J]. 科学学与科学技术管理, 2004, 25 (1): 24-27.

[96] 方炜, 王莉丽. 协同创新网络演化模型及仿真研究——基于类 DNA 翻译过程 [J]. 科学学研究, 2018, 36 (7): 1294-1304.

[97] 冯灵, 余翔. 中国高铁破坏性创新路径探析 [J]. 科研管理, 2015, 36 (10): 77-84.

[98] 冯永春, 崔连广, 张海军, 刘洋, 许晖. 制造商如何开发有效的客户解决方案? [J]. 管理世界, 2016 (10): 150-173.

[99] 耿帅. 基于共享性资源观的集群企业竞争优势研究 [D]. 浙江大学, 2005.

[100] 桂黄宝. 企业创新生态系统演化: IOS 与 Android 案例回溯研究

[J]．科技进步与对策，2017，34（16）：76－82.

［101］韩莹，陈国宏．基于隐形契约的集群企业知识共享伙伴选择研究［J］．中国管理科学，2018，26（1）：179－185.

［102］韩子天，谢洪明，王成等．学习、知识能量、核心能力如何提升绩效——华南地区企业的实证研究［J］．科学学与科学技术管理，2008（5）：122－127.

［103］Hwang V W，Horowitt G. 硅谷生态圈［M］．诸葛越等译．北京：机械工业出版社，2015.

［104］何向武，周文泳．区域高技术产业创新生态系统协同性分类评价［J］．科学学研究，2018，36（3）：541－549.

［105］何铮，顾新．知识网络中组织之间交互式学习研究［J］．情报理论与实践，2014，37（3）：95－100.

［106］胡海波，卢海涛．企业商业生态系统演化中价值共创研究——数字化赋能视角［J］．经济管理，2018，40（8）：55－71.

［107］胡京波，欧阳桃花，谭振亚，周宁，曾德麟．以SF民机转包生产商为核心企业的复杂产品创新生态系统演化研究［J］．管理学报，2014，11（8）：1116－1125.

［108］胡曙虹，黄丽，杜德斌．全球科技创新中心建构的实践——基于三螺旋和创新生态系统视角的分析：以硅谷为例［J］．上海经济研究，2016（3）：21－28.

［109］胡玮玮，丁一志，罗佳等．个性化契约、组织自尊与知识共享行为研究［J］．科研管理，2018，39（4）：134－143.

［110］黄玮强，庄新田，姚爽．基于创新合作网络的产业集群知识扩散研究［J］．管理科学，2012，25（2）：13－23.

［111］蒋军锋，党兴华，刘兰建．基于现代场理论的技术创新网络知识测度特征研究［J］．中国软科学，2007（3）：22－29.

[112] 蒋军锋，党兴华．基于张量分析的知识度规与信息流关系模型[J]．管理科学学报，2008，11（2）：27－34.

[113] 李春发，赵乐生．激励机制影响新创企业知识转移的系统动力学分析[J]．科技进步与对策，2017，34（13）：128－135.

[114] 李纲，陈静静，杨雪．网络能力、知识获取与企业服务创新绩效的关系研究——网络规模的调节作用[J]．管理评论，2017（2）：59－68.

[115] 李进兵．战略性新兴产业创新系统演化进程与驱动力[J]．科学学研究，2016，34（9）：1426－1431.

[116] 李莉，党兴华，张首魁．基于知识位势的技术创新合作中的知识扩散研究[J]．科学学与科学技术管理，2007，28（4）：107－112.

[117] 李庆满，戴万亮，王乐．产业集群环境下网络权力对技术标准扩散的影响——知识转移与技术创新的链式中介作用[J]．科技进步与对策，2019，36（8）：28－34.

[118] 李庆满，金彦龙，杨皎平．集群内部竞争对企业技术创新的双向影响[J]．研究与发展管理，2013，25（2）：10－19.

[119] 廖志江，高敏，廉立军．基于知识势差的产业技术创新战略联盟知识流动研究[J]．图书馆学研究，2013（1）：78－83.

[120] 林海芬，尚任．组织惯例对组织创新的悖论性作用机理研究[J]．南开管理评论，2020，23（1）：62－74.

[121] 林善波．动态比较优势与复杂产品系统的技术追赶——以我国高铁技术为例[J]．科技进步与对策，2011，28（14）：10－14.

[122] 刘爱文，蒋军锋，王修来．技术创新网络中的知识—信息—知识作用过程研究[J]．科学学研究，2008，26（5）：1067－1072.

[123] 刘凤朝，张淑慧，朱姗姗．技术知识多样性的双重作用：专利受理及创新影响——基于对象—过程视角的研究[J]．中国软科学，2018（9）：148－159.

［124］刘刚，立峰．消费者需求动态响应、企业边界选择与商业生态系统构建——基于苹果公司的案例研究［J］．中国工业经济，2013（5）：122－134.

［125］刘景东，党兴华，谢永平．不同知识位势下知识获取方式与技术创新的关系研究——基于行业差异性的实证分析［J］．科学学与科学技术管理，2015（1）：44－52.

［126］刘明辉，卢飞．农业部门与工业部门：互哺还是反哺——基于空间杜宾模型［J］．经济与管理评论，2017，33（6）：153－160.

［127］刘欣．模块化生产网络下中国制造业升级研究［D］．上海社会科学院，2016.

［128］刘雪芹，张贵．创新生态系统：创新驱动的本质探源与范式转换［J］．科技进步与对策，2016，33（20）：1－6.

［129］刘译阳，姜珊．基于大数据下社会网络分析与知识共享管理研究［J］．情报科学，2019，37（4）：109－115.

［130］刘意，谢康，邓弘林．数据驱动的产品研发转型：组织惯例适应性变革视角的案例研究［J］．管理世界，2020，36（3）：164－183.

［131］柳卸林，孙海鹰，马雪梅．基于创新生态观的科技管理模式［J］．科学学与科学技术管理，2015，36（1）：18－27.

［132］柳卸林．二元的中国创新体系［J］．科学学与科学技术管理，2006，27（2）：14－21.

［133］陆大道．京津冀城市群功能定位及协同发展［J］．地理科学进展，2015，34（3）：265－270.

［134］路风．冲破迷雾——揭开中国高铁技术进步之源［J］．管理世界，2019，35（9）：164－194.

［135］罗仲伟，任国良，焦豪等动态能力、技术范式转变与创新战略——基于腾讯微信“整合”与“迭代”微创新的纵向案例分析［J］．管理

世界，2014（8）：152－168.

［136］迈克尔·波特．国家竞争优势［M］．李明轩译，北京：华夏出版社，2002.

［137］毛琦梁，王菲．地区比较优势演化的空间关联：知识扩散的作用与证据［J］．中国工业经济，2018（11）：136－154.

［138］梅亮，黄海霞，陈劲等．创新生态系统研究评述——基于主干与分支属性的知识结构分析［J］．创新与创业管理，2017（1）：1－14.

［139］聂继凯，危怀安．国家重点实验室创新资源捕获过程实证研究［J］．科研管理，2017，38（9）：69－76.

［140］Odum E P，Barrett G W.，生态学基础（第五版）［M］．陆健健等译．北京：高等教育出版社，2009.

［141］彭本红，武柏宇．平台企业的合同治理、关系治理与开放式服务创新绩效——基于商业生态系统视角［J］．软科学，2016，30（5）：78－81.

［142］彭华涛，Bert Sadowski. 开放式创新网络形成及演化的探索性案例研究［J］．科研管理，2014，35（8）：51－58.

［143］芮明杰，杜郁文．知识能量、知识整合、创新绩效与核心竞争力关系的实证研究［J］．商业时代，2010（36）：72－75.

［144］史丽萍，唐书林．基于玻尔原子模型的知识创新新解［J］．科学学研究，2011，29（12）：1797－1806.

［145］宋华，陈思洁，于亢亢．商业生态系统助力中小企业资金柔性提升：生态规范机制的调节作用［J］．南开管理评论，2018，21（3）：11－22.

［146］孙虎，乔标．京津冀产业协同发展的问题与建议［J］．中国软科学，2015（7）：68－74.

［147］孙振领，李后卿．关于知识生态系统的理论研究［J］．图书与情报，2008（5）：22－27.

［148］谭娜．基于价值生态系统的创意产业价值创造能力评价研究［D］．

东华大学，2012.

［149］Jashapara A. 知识管理——一种集成方法［M］. 安小米等译. 北京：中国人民大学出版社，2013.

［150］王宝治，张伟英. 京津冀协同立法的困境与出路［J］. 河北师范大学学报（哲学社会科学版），2016，39（5）：133-138.

［151］王发明，朱美娟. 创新生态系统价值共创行为影响因素分析——基于计划行为理论［J］. 科学学研究，2018，36（2）：370-377.

［152］王国红，邢蕊，唐丽艳. 基于知识场的产业集成创新研究［J］. 中国软科学，2010（9）：96-107.

［153］王海杰，宋姗姗. 互联网背景下制造业平台型企业商业模式创新研究——基于企业价值生态系统构建的视角［J］. 管理学刊，2019，32（1）：43-54.

［154］王建刚，吴洁. 网络结构与企业竞争优势——基于知识转移能力的调节效应［J］. 科学学与科学技术管理，2016，37（5）：55-66.

［155］王莉，游竹君. 基于知识流动的创新生态系统价值演化仿真研究［J］. 中国科技论坛，2019（6）：48-55.

［156］王伟光，马胜利，姜博. 高技术产业创新驱动中低技术产业增长的影响因素研究［J］. 中国工业经济，2015（3）：70-82.

［157］王龑，史永东. 科技金融反哺银行业的异质性研究——来自区域性银行的经验证据［J］. 科学学研究，2017，35（12）：1821-1831.

［158］魏国江. 中国产业创新知识生成方式差异及路径转换研究［J］. 科学学研究，2018，36（6）：1036-1047.

［159］魏江，徐蕾. 集群企业知识网络双重嵌入演进路径研究——以正泰集团为例［J］. 经济地理，2011，31（2）：247-253.

［160］吴光飙. 企业发展分析：一种以惯例为基础的演化论观点［D］. 复旦大学，2003.

[161] 吴晓波，耿帅．区域集群自稔性风险成因分析［J］．经济地理，2003，23（6）：726－730.

[162] 武义青，赵建强．区域基本公共服务一体化水平测度——以京津冀和长三角地区为例［J］．经济与管理，2017，31（4）：11－16.

[163] 谢洪明，王成，吴业春．内部社会资本对知识能量与组织创新的影响——华南地区企业的实证研究［J］．管理学报，2007（1）：100－107.

[164] 熊永豪，赵飒，梁竞艳等．基于知识增长规律的知识存量测度［J］．科技进步与对策，2013，30（16）：152－155.

[165] 杨芳洲．价值论［M］．北京：中国社会科学出版社，2005.

[166] 杨贵彬，李婉红．知识溢出、地理邻近与区域异质性的空间关系［J］．系统工程学报，2018，33（2）：182－196.

[167] 杨桂通．涌现的哲学——再学系统哲学第一规律：自组织涌现律［J］．系统科学学报，2016（1）：10－12.

[168] 杨皎平，侯楠，王乐．集群内知识溢出、知识势能与集群创新绩效［J］．管理工程学报，2016，30（3）：27－35.

[169] 杨皎平，金彦龙，戴万亮．网络嵌入、学习空间与集群创新绩效：基于知识管理的视角［J］．科学学与科学技术管理，2012，33（6）：51－59.

[170] 野中郁次郎，胜见明．创新的本质：日本名企最新知识管理案例［M］．北京：知识产权出版社，2006.

[171] 野中郁次郎，竹内弘高．创造知识的企业：日美企业持续创新的动力［M］．北京：知识产权出版社，2006.

[172] 易明，高金鹏，王腾．基于边界交互式学习的产业集群开放式创新［J］．科技进步与对策，2017，34（3）：62－68.

[173] 尹波，赵军，敖治平，张良．商业生态系统构建、治理与创新研究——以泸州老窖商业生态系统战略为例［J］．软科学，2015，29（6）：46－50.

［174］于庆东．经济价值评价［M］．北京：中国标准出版社，2008.

［175］余东华，芮明杰．基于模块化网络组织的价值流动与创新［J］．中国工业经济，2008（12）：48－59.

［176］余泳泽，武鹏．FDI、技术势能与技术外溢——来自我国高技术产业的实证研究［J］．金融研究，2010（11）：60－76.

［177］苑婧婷．网络嵌入性对集群核心企业知识溢出的影响机制研究［D］．哈尔滨工程大学，2014.

［178］张贵，郭婷婷．创新生态系统与我国高新技术产业战略选择［J］．科技与经济，2016，29（5）：15－19.

［179］张贵，李佳钰．京津冀协同发展的新形势与新思路［J］．河北师范大学学报（哲学社会科学版），2017，40（4）：5－12.

［180］张贵，吕长青．基于生态位适宜度的区域创新生态系统与创新效率研究［J］．工业技术经济，2017，36（10）：12－21.

［181］张贵，温科，宋新平等．创新生态系统：理论与实践［M］．北京：经济管理出版社，2018.

［182］张贵，张佳利．催化与涌现：产业创新模式的新探索［J］．科技进步与对策，2012，29（17）：56－60.

［183］张路蓬，薛澜，周源，张笑．战略性新兴产业创新网络的演化机理分析——基于中国 2000—2015 年新能源汽车产业的实证［J］．科学学研究，2018，36（6）：1027－1035

［184］张庆普，李沃源．创意产业集群创意扩散过程及扩散模式研究［J］．研究与发展管理，2014，26（1）：22－33.

［185］张庆普，李志超．企业隐性知识流动与转化研究［J］．中国软科学，2003（1）：88－92.

［186］张治河，胡树华，金鑫等．产业创新系统模型的构建与分析［J］．科研管理，2006（2）：36－39.

[187] 赵晨，陈国权，高中华．领导个人学习对组织学习成效的影响：基于情境型双元平衡的视角［J］．管理科学学报，2014，17（10）：38－49.

[188] 赵凤，王铁男，王宇．开放式创新中的外部技术获取与产品多元化：动态能力的调节作用研究［J］．管理评论，2016（6）：76－85.

[189] 赵弘．以供给侧改革完善京津冀协同发展的制度保障［J］．求知，2018（5）：50－53.

[190] 赵新峰，袁宗威．京津冀区域政府间大气污染治理政策协调问题研究［J］．中国行政管理，2014（11）：18－23.

[191] 赵云辉，李亚慧，郭毅．社会网络结构对跨国公司知识转移的影响研究——看门人角色的中介作用［J］．中国软科学，2018（5）：147－159.

[192] 郑海涛，谢洪明，杨英楠，王成．技术创新的影响因素的“CCLEII”模型研究［J］．科研管理，2011，32（10）：1－9.

[193] 钟永光，贾晓箐，钱颖等．系统动力学（第二版）［M］．北京：科学出版社，2013.

[194] 周宏丽．开源产品社区知识协作网络动态鲁棒性研究［D］．北京科技大学，2018.

[195] 周京奎，白极星．京津冀公共服务一体化机制设计框架［J］．河北学刊，2017，37（1）：130－135.

[196] 周文，陈伟，郎益夫．集群创新网络知识动态增长研究：基于过程视角［J］．系统工程学报，2015，30（4）：431－441.

[197] 周源．制造范式升级期共性使能技术扩散的影响因素分析与实证研究［J］．中国软科学，2018（1）：19－32.

[198] 朱方文．基于共享性资源刚性的集群企业风险成因分析［J］．科学学与科学技术管理，2007，28（12）：157－161.

[199] 朱美荣．制造企业核心能力跃迁的动力机制研究［D］．哈尔滨工程大学，2013.

# 后　记

本书是国家社科基金重大项目“雄安新区创新生态系统构建机制与路径研究”（18ZDA044）的阶段研究成果。

本书是由李佳钰博士负责框架设计、撰写和定稿，张贵教授做理论指导；李涛博士、刘雪芹博士、张东旭硕士等研究生积极参与了本书的讨论。此外，刘霁晴、吕晓静、赵玉帛、王宏等博士研究生，梁莹、李彩月、刘思思、孙晨晨等硕士研究生也参与部分讨论和调研活动。

同时，本书收入河北省人文社会科学重点研究基地、河北省新型智库“河北工业大学京津冀发展研究中心”的“智库丛书专辑”。

在本书付梓之际，首先要感谢的是在研究过程中为研究提供有益建议的各位老师和同学们，正是由于你们的建议，本书才有了更大的进步。其次要感谢清华大学公共管理学院、清华大学中国科技政策研究中心、河北工业大学京津冀发展研究中心提供了课题必需的场地和平台，保障了课题组顺利开展相关研究。最后要感谢相关研究的专家学者，是各位同行的深入分析使本书得以进一步完善，当然本书中也包含他们的智慧和贡献。

本书旨在分析产业创新生态系统中的知识能量流动机理，为产业创新提供更具针对性的对策建议。宏大的目标与跬步之间的鸿沟，让我们怀着一种惴惴不安的心理，不过编写组是倾尽全力，几易其稿，多次讨论，最终呈现给读者。还要感谢经济管理出版社在本书出版过程中给予的大力支持和协调工作，使本书能够顺利出版；必须感谢的是出版社的编辑及校对人员，他们的无私付出和出色工作为本书增色不少；还要感谢的是在调研过程中各地区提供第一手的资料数据，以及调研个人、单位和企业的帮助和配合，正是在这些热心人的帮助下，我们的研究成果才得以很快面世。当然，文责自负！

李佳钰　张贵

2020 年 3 月